HØR GUDS STEMME
(En praktisk 7 skridts nybegynderguide til at høre Guds stemme,
visdomsord og profetiske ord)

Af Ian Banner

Engelsk titel: "HOW TO HEAR GOD - BOOK 1 - BEGINNER. How to hear
God for yourself and pray for others"

Oversættelse: KCLK Media

Forlag: BoD – Books on Demand, København, Danmark
Tryk: BoD – Books on Demand, Norderstedt, Tyskland

ISBN: 9788771884357

Original bogen på engelsk har følgende numre:
ISBN-13: 978-1477581940
ISBM-10: 1477581944

Indhold

Kapitel 1

Hvordan du kan få gratis ekstramateriale, hvis du tager kontakt til mig

Siden jeg købte min første kristne bog sidst i 1980'erne, har verden forandret sig. Når man køber en kristen bog nu om stunder, kan man meget nemt komme i kontakt med forfatteren.

Der er en meget nem måde, du kan komme i kontakt med mig på, og der er måske mange grunde til, du har lyst til det.

NB: Jeg forstår kun engelsk, så hvis du vil være sikker på, jeg læser det, du skriver, så skriv på engelsk.

- Hvis du bare har lyst til at fortælle mig, hvad du synes om bogen, eller hvordan jeg kan forbedre den, så skriv til ribanner@gmail.com.

- Du må meget gerne skrive en helt ærlig anmeldelse af bogen på Amazon. Bøger bliver set, hvis der er mange anmeldelser, så hvis du vil hjælpe med at sprede bogen, så skriv en anmeldelse. Den behøver ikke være lang, måske bare et par sætninger. Når du har skrevet en anmeldelse, så send gerne en mail til mig på ribanner@gmail.com, så jeg kan se den.

- Hvis du oplever, at jeg ikke har citeret en kilde korrekt, så skriv venligst til ribanner@gmail.com, så jeg kan sikre mig, det er rigtigt i næste udgave af bogen.

- På samme måde, hvis du ser en stavefejl eller et manglede ord, så skriv til mig på ribanner@gmail.com.

Hvis du gør én af ovenstående ting, så vil jeg som tak sende dig en gratis udgave af min næste bog.

Der er også en seperat studievejledning til denne bog med ekstra øvelser og bemærkninger. Du kan bruge den individuelt eller i små grupper. Den er helt gratis, og du skal igen bare skrive til mig på ribanner@gmail.com om, at du gerne vil have denne studievejledning, så sender jeg den til dig så hurtigt som muligt.

Jeg er rejsende forkynder, så hvis du er præst eller forkynder og gerne vil snakke med mig om et muligt besøg af mig og nogen fra mit team, så skriv en mail til ribanner@gmail.com.

Jeg håber snart at høre fra dig.

Ian

Kapitel 2

Indledning

Til Jesus og Merle.

"Der er kun en lykke i livet, og det er at elske og blive elsket."George Sands.

Meget lidt af det, der bliver skrevet nu om stunder, er originalt i den kristne verden, og selvom mange præster forsøger at finde på noget nyt og originalt at sige, så tror jeg, at de bedste prædikener og bøger kommer ud af en sammensætning af det, der er kommet frem før. Jeg synes, det er tåbelig stolthed, hvis du går ud fra, du kan lave en fuldstændig original prædiken af en kendt bibeltekst uden at komme ind på noget, andre allerede har berørt. Alle kæmper står i stor udstrækning på skuldrene af andre kæmper, der stod der, før dem.

Mit mål med denne bog er ikke at finde på nye ting at sige, men mere at samle og organisere tanker fra mange, mange kilder og sige dem på en ny måde. Det vil tillade, at et emne og et fokus kan udvikles, hvilket er en fordel for læseren.

Under alle omstændigheder, så har jeg skrevet, hvem jeg citerer fra, også selvom jeg har omformuleret det.

Og endelig...

Det er min bøn, at Gud vil velsigne dig og din tjeneste mange år frem i tiden, og at du, ligesom jeg, vil ønske at blive i kampen i Guds frontlinje i yderligere halvtreds år, så vi ved livets slutning kan sige som Paulus...

2. Tim 4:7: "Jeg har stridt den gode strid, fuldført løbet og bevaret troen."

Kapitel 3

Indledning til 2016 udgaven

Der er gået flere år siden, at første udgave af denne, min første, bog forlod min computer, og salget på Amazon begyndte.

I første omgang var jeg bare glad for, at det lykkedes mig at få en bog ud. Jeg var tilfreds med at kunne sige, at jeg havde skrevet en bog. Det bekymrede mig ikke, om den solgte, da dette ikke var målet. Målet var, at det lykkedes for mig at gøre det, og jeg havde adlydt, hvad jeg følte, Herren havde pålagt mig.

Jeg forstod mig ikke på marketing eller at udgive en bog i det hele taget.

Den første uge købte min præst en bog.

Efter den tredje uge havde jeg solgt tre bøger, og jeg spekulerede over, hvem de andre købere var? Det forbavsede mig, at den overhovedet solgte. Jeg eksperimenterede med flere prisklasser, mens jeg prøvede at finde ud af, hvad Gud præcist gjorde, og hvad jeg gjorde. Jeg grundede over spørgsmål som...

- ønskede jeg at blive succesfuld?
- ønskede jeg at tjene penge nok, så jeg kunne stoppe med at arbejde?

Det oprindelige indhold kom fra prædikener, jeg havde holdt om emnet "At høre Gud", når jeg blev bedt om at undervise om dette i kirker, jeg besøgte, og processen med at få det til en bog var i virkeligheden ved at prøve mig frem.

Men så begyndte bogen at sælge. Jeg fik tildelt en 1. banner af Amazon, men endnu vigtigere så skete der noget andet. Der begyndte at komme mails fra mennesker, som var blevet hjulpet af bogen - mails fra hele verden. Disse mails gav mig inspiration og sommetider trøst gennem nogle svære perioder. Så jeg vil takke alle, der skrev til mig fra alle hjørner på Herrens klode.

Hermed præsenterer jeg en opdateret udgave af min bog. Det er stort set det samme indhold med få ændringer her og der. Jeg præsenterer den med samme ydmyge og taknemmelige hjerte, som da jeg præsenterede den første udgave, som en del af mit "levende offer - helligt og velbehageligt for Gud."

Ian
Holy Island, UK
Februar 2016

Kapitel 4

Sådan bruges bogen

Velkommen til **HØR GUDS STEMME**.

Mit mål med denne korte bog er at give dig en letlæselig begyndervejledning i at høre, hvad Gud siger til dig, og at arbejde med profetisk tjeneste. Denne bog er ikke en bibelsk udlægning af profetier, som de er beskrevet i Biblen, (mange andre bøger gør dette ganske udmærket. Se på min engelske hjemmeside ianbanner.com/recommended-books for mere information). Denne bog er derimod en meget praktisk vejledning i, hvordan du hører Guds stemme i dit liv og i din tjeneste.

Den er del af en serie af små bøger, der beskriver de første skridt mod at høre Gud. Den næste bog i serien hedder "How to Hear God Book Two: Prophetic Lifestyle". Hold øje med andre bøger på min hjemmeside ianbanner.com/my-books.

Nu til denne bog...

Der er en meget kendt historie i mit hjemland England om dronningen, der engang besøgte et psykiatrisk hospital. Nogle af patienterne var opstillet, og hun gjorde, som hun efter sigende plejede at gøre, når hun mødte mennesker - hun spurgte nemlig: "Hvad laver De så?", efterhånden som hun bevægende sig ned ad rækken. Den tredje person sagde: "Jeg er dronningen."

Dronningen tænkte over det et øjeblik og spurgte så: "Hvem har sagt, du er dronningen?" Patienten svarede: "Det gjorde Gud!", hvorefter den næste i rækken med det samme sagde: "Nej, det gjorde jeg ikke."

Sandheden for de fleste i samfundet er, at du er skør, når du fortæller, at du kan høre Gud.

Men den virkelige sandhed er klar i Biblen. Her er blot nogle få vers ud af mange:

Joh. 10:4: "... og de følger ham, fordi de kender hans røst."

Jer. 31:33-34: "Men sådan er den pagt, jeg vil slutte med Israels hus, når de dage kommer", siger Herren: "Jeg lægger min lov i deres indre og skriver den i deres hjerte. Jeg vil være deres Gud, og de skal være mit folk. Ingen skal længere belære sin landsmand og sin broder og sige: "Kend Herren!"For alle kender mig, fra den mindste til den største", siger Herren."

Som du kan se, er det meget klart i Biblen, kristne kan høre Gud, og Gud taler.

Og han taler også til alle andre.

Nogle gange kan vi, på grund af vores opvækst, have den falske tro, at Gud kun taler til dem, der er mere modne i troen, end jeg er, ældre end mig eller klogere end mig.

Hvis vi prøver at overføre denne meget dårlige ide til den fysiske verden, så er det det samme som at sige, at når vores fysiske far taler til os, så er det kun de ældste børn, der kan høre det. Vi er alle født med fysiske ører, og på samme måde er vi også alle født med åndelige ører.

Gud kan tale til og igennem alle. Lad mig give dig et eksempel. I de seneste år har jeg haft den ære at få profetier fra nogle bemærkelsesværdigt begavede rejsende profeter - men de bedste ord (mest brugbare og relevante ord) var ud fra et billede, som blev givet til mig af en 9 årig dansk pige, som aldrig havde fået et billede fra Gud før. I al sin enkelthed gentog hun et andet billede, jeg lige havde fået, og overførte det direkte til en problemstilling i mit liv. Alt sammen forgik igennem hendes mor og en oversætter. Da hun var færdig, smuttede hun ind for at lege med sin lillesøster.

Gud kan og vil bruge alle, han bestemmer sig for at bruge.

Jeg håber, det er klart, for det er tid til et spørgsmål. Hører du Gud på nuværende tidspunkt? Hvis dit svar er nej, så lad mig gentage mig selv. Jeg tror, at alle kristne kan høre Gud. Hvis du tror, du ikke kan høre Gud, så er det min erfaring, at du bare skal lære at genkende hans stemme inde i dit hoved. Gud taler hele tiden, han er normalt ret snaksalig.

Og det er formålet med denne bog: At hjælpe dig til at høre hans stemme og at opmuntre dig til at gøre, hvad han beder dig om. Hvis du følger disse opfordringer, som jeg skriver her, baseret på min meget praktiske erfaring, så tror jeg, at alle, der har hjerte for at blive brugt af Gud, kan lære at høre Guds stemme og lære at bede og profetere...

- skarpt (med relevans og med det samme),
- sikkert (ingen blod på gulvet) og
- effektivt for andre mennesker (udvikler modenhed).

Bogen dækker, hvordan du selv kan høre Gud, og hvordan, hvis Gud kalder dig, du kan udvikle din gave at kunne høre Gud og bruge denne gave via visdomsord eller profetier i prædikener, når du beder for mennesker, leder møder eller ved forbøn i din egen kirke eller i andre kirker.

4.1 Temaer

Der er tre temaer, der går igen i denne bog. De står i forskellige kapitler, og jeg kommer tilbage til dem igen og igen, ligesom i et klassisk stykke musik. Det er **Fundament, Forberedelse og Aktivitet**. Diagrammet figur 4.1 viser dette...

Disse temaer fører til syv trin (eller dage)...

Trin 1 - Fundament - Hvorfor gør vi det?
Trin 2 - Aktivitet - De første skridt til at høre Gud og profetier.
Trin 3 - Forberedelse - Hvad menes der med personlig profeti?
Trin 4 - Forberedelse - Samarbejd med Gud i dit liv og i din tjeneste.
Trin 5 - Aktivitet - Hvordan man beder for mennesker.
Trin 6 - Forberedelse - Hvordan Gud lader sin tjeneste vokse i dig.
Trin 7 - Aktivitet - Hvad gør man, når det går galt?

Og til sidst, så er her mine tips til at få mere ud af bogen:
1. Find et tidsrum og læs et afsnit om dagen.
2. Hav en dagbog eller en blok, du kan skrive i. Det er altid godt at nedskrive dine tanker, og hvad, du tror, Gud siger til dig.
3. Bed og spørg Gud om at vise dig sandheden, efterhånden som den gælder for dig.

Denne bog er for mennesker, der er født-på-ny-kristne; mennesker, der har taget imod Jesus som deres Herre og frelser i deres liv; som forstår, at synd har adskilt dem fra Gud; der har taget skridt til at få det bragt i orden, og som nu kender Gud personligt. Hvis du ikke er sikker på, du kender Gud således, så gå direkte til tillægget bag i bogen, hvor jeg skriver mere om, hvordan du kan lære Gud at kende.

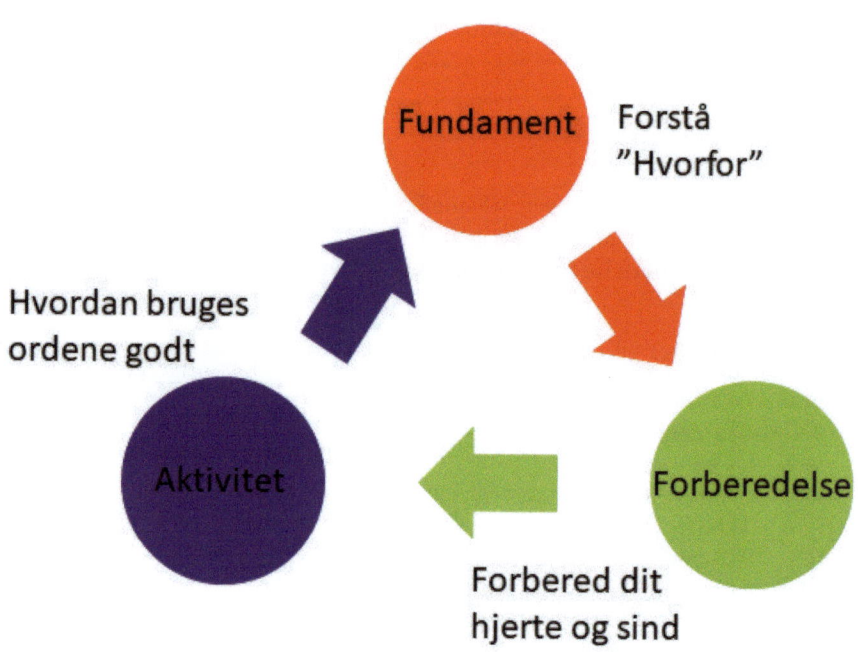

Figur 4.1: Temaer

Kapitel 5

Dag 1 - Hvorfor gør vi det?

Ef. 4:12-13: "... for at udruste de hellige til at gøre tjeneste, så Kristi legeme bygges op, indtil vi alle når frem til enheden i troen og i erkendelsen af Guds søn, til at være et fuldvoksent menneske, en vækst, som kan rumme Kristi fylde."

Med dette mener jeg selvfølgelig, hvorfor går vi rundt og beder for mennesker og lægger hænderne på dem? Hvis du ser på det udefra, må du nok indrømme, at det ser lidt besynderligt ud.

Svaret til dette er, at vi mener, at det er bibelsk. Problemet er dog, at det, vi sommetider ser som bibelsk, ofte bare er vores kulturelle værdier tilført et bibelvers, som vi kan finde, for at retfærdiggøre det.

Så før vi går i gang med noget praktisk undervisning, vil jeg lige stoppe op og minde os om det bibelske fundament. Jeg vil bemærke, at der er meget mere bibelsk fundament for de åndelige nådegaver og deres berettigelse i det 21. århundrede, end jeg vil beskrive her. For en mere udførlig gennemgang vil jeg henvise dig til referencerne bagerst i bogen samt på min hjemmeside ianbanner.com/recommended-books for mere information.

Ef. 4:13: "... til at være et fuldvoksent menneske, en vækst, som kan rumme Kristi fylde."

Grunden til, at vi overhovedet bruger nådegaverne - grunden til, at Jesus gav dem til os, er for at bringe Kristi legeme, (det er os), til modenhed. Jeg ser, at det fungerer både på et fælles niveau (hele kirken) og individuelt (dig og mig). Jeg vil gerne have, du et øjeblik tænker over dette. Vi bruger nådegaverne, vi har fået, for at modnes. Vi skal ikke modnes først, førend vi kan bruge nådegaverne.

1. Kor. 12:7: *"Det, som Ånden åbenbarer, får hver enkelt til fælles gavn."*

Det er meget vigtigt, det er til fælles gavn, er det ikke? Jeg ser sommetider meget selvcentrerede mennesker gøre præcis det modsatte. Jeg tænker altid på GOD TV[1], når jeg har det i tankerne. Her ser du sommetider det, som jeg kalder en manifestation af ånden til talerens fordel.

Det er meget vigtigt at forstå, at Paulus underviser nogle meget uvidende personer i en kirke, som har mange nådegaver, at de skal forstå, at disse gaver ikke er til deres personlige fordel - men til fælles gavn.

1. Kor. 12:18-20: *"Gud har nu engang givet hver enkelt del dens plads på legemet, som han ville det. Hvis det hele kun var én legemsdel, hvad blev der så af legemet?"*

Ved du, at disse vers giver mig stor tillid til din kirke? Gud har sammensat dig, præcis som, han ønsker, du skal være. Mange kirker siger: "Hvis vi bare havde en mere karismatisk leder, hvis vi bare havde flere unge mennesker, hvis vi bare..."

Jeg synes, det er forkert, og det mangler den centrale sandhed, der kan sætte dig fri og få dig til at slappe af. Sandheden er, at Gud har sammensat sit legeme præcis, som han ønsker det. Det betyder ikke, at vi ikke skal forandre os, eller at vi ikke skal vokse og modnes. Det betyder heller ikke, at vi ikke skal forstå, hvad Gud vil for vores fremtid, men det er vigtigt at forstå her og nu, at Gud har bragt de rette mennesker til din kirke for at udgøre hans legeme. Du er de rette mennesker. Vi er de rette mennesker.

1. Kor. 14:3: *"Men den, der taler profetisk, taler til mennesker, til opbyggelse..."*

Hvorfor er nådegaverne så vigtige? En af grundene er, at de opbygger os. Dette virker både på det personlige og det fælles plan.

Først det personlige plan...

Vi har allerede slået fast, at gaverne gives for, at du kan blive mere moden, ikke også? Derfor vil jeg gerne have, du tænker over dette. At bruge nådegaverne i en kirke kan være ligesom at gå i fitnesscenter. Mennesker går i fitnesscenter for at opbygge sig selv, således de kan få disse skønne markerede muskler og fantastiske velskabte kroppe, du ser i TV.

---

[1] International religiøst tv-netværk

Det betyder, at nøglen til nådegaverne er, at de opbygger dig, hvis du bruger dem. Det er den pointe, som Paulus giver os.

Nu til det fælles plan...

I 1. Kor. 3:16 siger Paulus: *"Forstår I ikke, at I er et tempel, der bliver bygget sammen"*. Det er min fortolkning af, hvad der står. Jeg plejede at læse det originale vers og tænkte: "Jeg er et tempel", og det er sandt, men det er ikke, hvad Paulus rent faktisk mente her. Han mente derimod, om vi ikke forstår, at vi sammen bliver bygget til et tempel. Et perfekt bygget tempel, hvor Gud er. Det simple faktum er, at man ikke kan blive bygget sammen, medmindre man bygger det op sammen.

Jeg vil gerne have, du tænker på det at blive bygget op sammen. Min kone, Merle, lærte engang at bygge et stengærde. En enkelt gang så jeg, hun lavede et, det var særdeles interessant.

Når man bygger et stengærde, er stenene ikke ensartet og firkantet, så det kræver forskellige færdigheder at bygge disse mure. Mennesker, der bygger gærder, bruger en stor del af tiden med at kikke på stenene, ikke på at bygge gærdet. De lægger alle stenene frem, så de kan se dem.

Så tager de en sten og prøver at lægge den på gærdet. Hvis den ikke passer, så prøver de at vende den om og ser, om det er bedre. Hvis den ikke passer, så ryger den tilbage i bunken. Nogle gange lader de stenen ligge for at se, om den passer et andet sted, og andre gange hugger de et hjørne af, så den passer perfekt.

Vi er som et stengærde, som er lavet af mange forskellige størrelser og former, som er kaldet af Gud til at passe sammen.

Så lad os opsummere: Hvorfor er nådegaverne vigtige? Det bygger os op. Hvorfor går folk i fitnesscenter? For at komme i form. Hvorfor skal vi bruge nådegaverne? For at komme i åndelig form og spille sammen på Guds hold.

Ef. 4:12: *"...at træne de kristne til at udføre hver deres tjeneste."*

Den næste grund er derefter at frigøre os til effektiv tjeneste eller betjening.

Hvis jeg spørger alle i din kirke om at løfte hånden, hvis de vil tjene Gud, så er jeg sikker på, de vil løfte hånden. Hvis jeg nu i stedet spørger: "Vil I have nogle nådegaver for at tjene Gud?", så får jeg nok ikke en lige så positiv tilbagemelding. Nogle folk tænker: "Jeg kan godt lide ideen om at tjene, men jeg vil gøre det uden nådegaver."Det er ligesom, hvis min kone bygger et stengærde uden gærde eller uden sten! Det er lidt dumt. Hvis du vil tjene, så siger Gud, at dette er måden at tjene på. Jeg vil give dig nådegaverne, du skal bruge til at opbygge legemet og dig selv med, fordi I skal bygges sammen til et tempel. Det giver alt sammen mening, forudsat at du starter med "her er nogle nådegaver". Hvis du starter uden gaverne, bygger du ikke noget op.

1. Kor. 14:25: "...så vil de falde på knæ, tilbede Gud og udbryde: "Gud er virkelig midt iblandt jer!"

Hvorfor er nådegaverne så vigtige? For at støtte os. Paulus siger, at de profetiske gaver er der for at minde os om, at Gud virkelig er midt iblandt os. Nådegaverne er derfor ikke kun til os som kirke, men de er der også for at hjælpe os med Guds riges udbredelse udenfor kirken.

Jeg længes mere og mere efter den dag, hvor jeg kan gå hen til folk på gaden og sige: "Hej, mit navn er Ian. Jeg så dig lige og kunne ikke undgå at tænke... Er du OK lige nu? Har du problemer?Åh ja, det går rigtig skidt.Er det din mor?Ja, det har med min mor at gøre."

Forestil dig, når vi har nådegaverne i brug i verden til at støtte, bevise og understrege, at det åndelige rige er værd at finde? Jeg kan ikke vente, til det sker.

1. Kor. 12:3: "Ingen kan sige: Jesus er Herre! undtagen ved Helligånden."

Min sidste grund til nådegaverne: At pege på Jesus.

Jeg fortæller gerne en historie for at vise dette. For et stykke tid siden kom én, der i nogle uger havde været væk fra vores kirke, tilbage en søndag. Jeg kunne mærke, at Gud ville have, jeg skulle sige noget til hende, så jeg gik hen og sagde: "Havde du problemer på din tur til Australien, for Gud vil have, jeg fortæller dig, at han var med dig igennem den svære situation?", og hun sagde: "Nå, jeg har ellers ikke fortalt nogen, hvad der skete, så hvordan ved du det?", og så sagde hun noget ret forfærdeligt. Hun sagde: "Du er vel nok forbløffende?"

"Nej. Er Gud ikke forbløffende", sagde jeg, "at han vil have, du skal vide, at han var med dig?"

Tak og lov, at jeg ikke sagde: "Ja, du har ret. Du skulle se mig derhjemme, hvordan jeg kan fortælle dem, hvilket tv-program de vil se bagefter - det er forbløffende."

5.1   Hvad er vores respons?

Jeg synes, det er forbløffende, at Gud, med sin uendelige visdom, tilbyder os ting og dernæst venter på os - han tvinger os ikke til at være enige med ham.

18

Er det ikke forbløffende?

Lad os kikke på nogle vers...

1. respons: Vær tørstig.

Joh. 7:37: *"Jesus sagde: "Den, der tørster, skal komme til mig og drikke"*

Den, der er tørstig, sagde han, kom og drik. Jeg synes, det er interessant, at han ikke sagde: "Kom alle og drik."Men han sagde, hvis du er tørstig, så kom og drik.

Lad mig spørge dig her og nu: Er du tørstig?

Jeg er meget alvorlig her, for sommetider siger folk: "Jeg er ikke sikker på nådegaverne, og jeg har helt sikkert ikke nogen af dem", og jeg tænker: "Du er i hvert tilfælde ikke tørstig efter dem, det er sikkert."Er du tørstig efter den drik, som Jesus giver?

2. respons: Bliv ved med at spørge.

I Luk. 11:10-13 har Jesus lige lært dem Fadervor, hvorefter han siger (min fortolkning): "Den, der spørger og bliver ved med at spørge, den, der søger og bliver ved med at søge, den, der banker på og bliver ved med at banke på", siger Jesus, "skal få."

Jeg kender ingen andre steder, hvor Jesus gentager sig selv seks gange for at få sin pointe igennem. Få gange gentager han sig selv to gange. Men jeg kender ingen andre steder i Biblen, hvor han gør det seks gange: Hvis du spørger, får du, hvis du søger, finder du, hvis du banker på, bliver der åbnet.

Og hvis tilhørerne (og vi) ikke lige fik fat det, så kommer der lige lidt ekstra, når han siger: "Forestil dig, hvis du var en far, og din søn spurgte efter fisk, og han fik en skorpion i stedet."Ovenstående fremstiller en forvirret gammel mand, som ikke er helt sikker på, hvad han gør, og det er en vittighed på det originale hebræisk. Det svarer til, at du spørger efter brød, og så giver din far dig en sten. (På engelsk spørges der efter "scone", og der gives "stone").

Det er den slags rytme, der er på det originale græsk. Han laver en parodi på den ide, at fædre ikke helt forstår, hvad der foregår. Lidt ligesom hvis min søn spørger: "Far, kan jeg få en Nintendo", og i stedet får han en chokoladekiks til jul. Jesus afslutter passagen med at sige: "...hvor meget snarere vil så ikke Faderen i himlen give Helligånden til dem, der beder ham!"

3. respons: Pust til ilden.

I 2. Tim. 1:6 siger Paulus til Thimotheus: "... lade den nådegave fra Gud... flamme op."

19

Hvad betyder det egentligt? Jeg vil gerne forklare det ved at fortælle om mine ferier. Sommetider tager jeg på camping, og når jeg laver et bål, så er jeg nødt til at bygge det op og så puste til ilden.

Jeg bygger bålet op og gør det klart, så tænder jeg en tændstik og sætter den ind i bålet...

Måske virker det ikke første gang, så tager jeg endnu en tændstik og prøver igen... og igen...

Endelig er der ild, og jeg siger: "Jep, det fængede." Så begynder jeg som en gal at puste luft ind i flammerne for at holde det i gang og dermed få opbygget en ild.

"Pust, til der kommer ild på den nådegave, du har fået", siger Paulus.

Gør du det? Når du får en gave fra Gud, siger du så: "Åh, jeg fik den her gave, og jeg er nødt til at puste til ilden", eller siger du: "Jeg er ikke sikker på, hvad det var. Jeg tændte alligevel ikke rigtig nogen ild, og jeg ville ikke varme mig selv..."

Som du kan se af denne korte oversigt, har Gud ordineret, at vi bruger disse og andre gaver indenfor legemet til at hjælpe os med at nå til modenhed.

Når nu jeg afslutter denne første sektion, tænker jeg, at jeg endnu engang vil fremhæve, at du når modenhed ved at bruge disse gaver individuelt, såvel som i fællesskab. I mange tilfælde ser jeg mennesker, som har "frøene" af disse gaver, der får at vide, at de skal blive mere modne, før de kan blive brugt på legemet. Det, vil jeg pointere, er faktisk ikke-bibelsk.

SLUTBØN

Herre Jesus, tak for sandheden om, at dette er tidsalderen for Helligånden, som er udgydt over denne jord for at udruste os, for at berige os, til at fortælle om dit rige og for at vise din magt. Herre, hjælp os til at modtage de nådegaver, du giver til os. Hjælp os til at forstå, at de er i vores liv. Hjælp os nu med at bruge dem på bedste måde i vores fællesskab, hjælp os til at bruge dem til at forkynde dit rige.

Amen

Kapitel 6

Dag 2 - De første skridt til at høre Gud og profetier

"Alle forældre sikrer sig, at deres børn lærer at gå. At kunne gå er vigtigt for det fysiske liv og for at vokse. På samme måde har nye kristne brug for, at vi lærer dem at høre Guds stemme. Det er vigtigt for det åndelige liv og at vokse som kristen."

Jeg er mere og mere overbevist om, at en af de ting, vi er nødt til at lære unge og nye kristne, er at hjælpe dem med at høre Gud. Forældre lærer børn at gå ved at hjælpe dem med at holde balancen og lade dem bruge møblerne eller legetøj som støtte til at gå, indtil de kan gøre det selv. På samme måde er kristne nødt til at opmuntre både nye og eksisterende kristne til at høre Gud og handle på det, de hører.

Når babyer falder, løfter vi dem op og tilskynder dem til at prøve igen, indtil de holder op med at falde. Vi er nødt til at gøre det samme med kristne, der lærer at høre Gud. Alt for ofte, når nogen fejler i deres første skridt med at høre Gud, opgiver de og prøver aldrig igen. Men pointen med at fejle er at lære af det og ikke at lære at opgive.

Der er mange kristne, som åndeligt set er babyer. Fysisk, hvis du er 20 år gammel og stadig ikke kan gå uden hjælp, så vil alle vide, der er noget galt med din udvikling. Den åndelig parallel til at gå er at høre Gud. Så hvis du har været en kristen i 20 år og stadig ikke kan høre Gud, så er du ikke vokset op og har udviklet dig, som du burde.

Når jeg gennemgår disse første skridt, så husk på, at alle kristne kan høre

Gud. Vi har bare brug for tid og plads til at falde, rejse os op og prøve igen, indtil vi har nået en modenhed, hvor vi er sikre på, vi kan høre Gud, og vi kan gøre, hvad han beder os om.

6.1 De fem første skridt til at høre Gud

1. skridt: Du skal gøre op med synd.

Dette er meget enkelt og tydeligt, men det er meget klart i Biblen, at hvis du har synd i dit liv, så er det en hindring for, hvad Gud kan gøre med dig.

Der står således i Es. 59:2: "Nej, det er jeres synder, der skiller jer fra jeres Gud; jeres overtrædelser skjuler hans ansigt, så han ikke kan høre jer."

Jeg vil gerne have, du forestiller dig, hvorfor det er sådan. Jeg er far, og jeg har en søn. Lad os sige, jeg vil give han en gave. Helt ud af det blå køber jeg et computerspil eller en ny CD, jeg ved, han kan lide. Jeg kommer hjem med CD'en i min hånd, og da jeg kommer ind ad døren, oplever jeg, at min søn er besværlig. Han er uhøflig, han råber, og han vil ikke komme, når jeg kalder. Med andre ord så er han ikke interesseret i at bruge sin tid sammen med mig og have et forhold med mig. Jeg tror, at jeg i denne situation vil have meget svært ved at give ham gaven.

Jeg tror, det er sådan, Gud ser på det. Det er ikke så meget som en straf. Det er ligesom om, at dårlig holdning og synd i vores liv kommer i vejen i kommunikationen mellem os og Gud. For at få rettet op på det skal vi angre vores synd. Som en af mine venner engang sagde: "Når du er kørt fast og ikke kan høre Gud; en af de første ting, du må gøre, er at stoppe med at gøre det, der fik dig til at sidde fast, uanset hvad det var."Så du har brug for at gøre op med al synd i dit liv.

Hvad vil det så sige at gøre op med sin synd eller at angre? I al sin enkelthed går det ud på at give Gud ret og så gøre noget ved det.

2. skridt: Tune ind på Gud.

Joh. 10:4: "... og de følger ham, fordi de kender hans røst."

Jeg vil gerne have, du forstiller dig, at du sidder hjemme, og i et hjørne af rummet er der en baby, der græder, i et andet hjørne er en radio tændt, og i det tredje hjørne kører TV'et. Når du er i dette rum, selv når der er meget larm, vil din hjerne stadig være i stand til at skelne mellem TV'et, babyen og radioen. Lad os nu forstille os, at nogen ringer til dig, og du tager telefonen og snakker med dem. Sammen med din stemme er der et barn, der græder, samt et TV og en radio, der kører.

For personen, der er i den anden ende af røret, er lydene i rummet ikke til at skelne fra hinanden. Det er meget svært at adskille din stemme fra alle de andre lyde. Her kommer den vigtige pointe. I store dele af vores liv er alle disse lyde der hele tiden. Midt i al larmen er Gud, men vi kan ikke skelne hans stemme klart på grund af alle lydene, der er i vores liv.

Så, hvis du finder et stille sted og skubber alle de andre lyde ud af dit liv, så vil du stille og roligt begynde at kunne genkende stemmen, der er Guds.

Når du har gjort det og kan genkende Guds stemme, så vil du være i stand til at høre den, selv om der er mange andre lyde, men til at starte med vil du kun høre den, når der er stille alle andre steder, når du fjerner alle de andre lyde.

Fornyligt var der i England et TV-program om stilhed og det at bruge hele dage i stilhed. I denne dokumentar, som fulgte flere mennesker gennem dette "stille eksperiment", var de i stilhed, og pludselig begyndte de at mærke Gud og høre ham tale til dem. Det, der virkelig skete, var, at Gud talte til dem, som han altid havde gjort, men nu havde de skilt sig af med alle de andre stemmer. Jeg mener det meget seriøst. Hvis du vil høre Gud, hvis du virkelig ønsker at høre, hvad Gud siger til dig om dit liv, vil det kræve en indsats og betyde, at du skal fjerne alle andre stemmer.

Helligåndens stemme kommer ind i dit liv, når du bliver frelst og døbt, men du har ikke vanen med at stille ind på Guds stemme. Medmindre du træner denne vane, vil du glemme stemmen. Så her er mine fire råd til at træne dig selv:

1. Find stilletid. Sluk for TV'et, sluk for radioen, sluk for telefon samt mobil og sluk for musikken. Find stilletid på fastsatte tidspunkter og ofte for at være sammen med Gud. Find stilletid.

2. Find stilletid. Det er vigtigt, så jeg siger det igen. Find et stille tidsrum, find et værelse, ryd kalenderen og tillad ikke afbrydelser. Hav måske en notesblok klar. Skriv det, du hører, ned. Hvis du skriver det ned hver gang, så bliver det ikke ved med at køre rundt i hovedet på dig. Fortsæt med at skrive det ned og få det ud af hovedet. Find tid til at stille ind på Gud.

3. Du skal træne dig selv i dette rum. Jeg beskriver rummet som stedet, hvor du og Gud mødes. Det kan være på den samme tid, et fysisk sted. Måske gør du det om morgenen, måske om aftenen, men du har brug for et tidsrum, hvor du og Gud kan være alene. Og der vil du møde Gud. Hvor du er alene med Gud, er den eneste virkelighed, der er virkelig.

4. Træn sammen med venner. Når du begynder at genkende Guds stemme, høre Gud og sige noget, kan det være meget svært. En god øvelse kan være at have nogle få personer sammen med dig, når du gør det. I vores kirker er det meget normalt, at når vi lytter til Gud, så gør vi det to eller tre sammen. Vi lægger måske alle hænderne på en bestemt person, og jeg tænker måske på ordet "nøgler". "Nøgler"er et ord i mit hoved, men jeg gør ikke noget ved det, og så siger en anden: "Jeg fornemmer, at Gud siger: "Jeg har givet jer nogle nøgler."På det tidspunkt vil jeg så sige: "Ja, jeg havde også det ord", og så vil jeg komme med det, jeg hører. Så det ikke alene styrker alles tro, men det bekræfter også den første person i, at det var Gud, der talte.

I kirken, hvis nogen kommer med noget, jeg også har modtaget, siger jeg det nogen gange til dem bagefter, men oftest vil jeg med det samme sige til hele forsamlingen, at jeg også havde det ord. Igen så løfter det alles tro, og det opmuntrer personen, der talte, at vedkommende hørte Gud. At gøre dette med venner er meget brugbart og sjovt.

3. skridt: Kend din personlige "aktiveringsnøgle".

Den tredje ting, du skal forstå, er, hvordan du får din "aktiveringsnøgle". Jeg har lært, at når Gud taler til dig, sker der ofte fysiske ting med dig. Du kan genkende det, og når det sker, ved du, at Gud vil tale til dig. Men hvad nøglen er, kan være meget forskelligt fra person til person, for Gud har skabt os alle unikke.

For eksempel ser du måske noget gennem dine øjne, som andre ikke kan se. Jeg har hørt om en person, som, når Gud taler til ham, ser væsner og dæmoner ovenover andres hoveder. Jeg har ikke selv set noget lignende, men jeg tvivler ikke på, at han gør.

Et andet eksempel kan være, at du ser farver rundt om mennesker. Jeg har oplevet mennesker, som føler farver, fornemmer farver eller forstår farver. Så er det jo meget interessant, at nyere forskning, om hvordan hjernen fungerer, er begyndt at forstå, at farver i mange menneskers hoveder repræsenterer netop følelser. Derfor kan jeg forstå, når folk siger: "Jeg ser et blåt skær, og jeg tror, det betyder..."Måske ser du farver i dit hoved? Faktisk er nøglen til at høre Gud blevet kopieret af fjenden, (han kopierer kun ting, der er værd at kopiere, ikke sandt?), hvorfor der er medier og åndemanere, som bruger farver til at manipulere med folk. Men bare fordi fjenden har kopieret og misbrugt det, betyder det ikke, at vi som kristne ikke skal være åbne overfor, at vores Gud bruger det sammen med os.

Et andet eksempel er, at du bogstaveligt ser et ord - et ord, som rent faktisk står i en vision eller som på en sort skærm.

Er det dig?

Jeg har en god ven, hvor der dukker sange op i hendes hoved. Ikke kristne sange, men ordene eller titlen er nøglen til, hvad hun tror, Gud siger.

Hvis du for eksempel ud af det blå, uden at tænke på det, pludselig havde ordet "banan"i dit hoved? Du ved, du ikke tænkte på bananer.

Måske begynder du at have en følelse, du ikke havde for nogle øjeblikke siden. Det er rent faktisk sådan, Gud starter med mig. Jeg kan kikke på nogen og have en følelse inden i mig. Og jeg ved, at den følelse ikke er min følelse, den er bare opstået, fordi jeg kikker på nogen.

Lad mig fortælle dig en historie. Jeg var rejste tilbage fra en undervisningstur til Europa. Jeg havde brugt en lang weekend på at prædike og bede med nogle dejlige venner i flere kirker. Det havde været en udmattende og spændende tur. I flyet på hjemturen sad jeg og blundede. Pludselig fik jeg en erotisk tanke. Jeg fløj op i ren overraskelse. Det var virkelig uventet - jeg havde netop brugt hele weekenden på at bede for folk og havde følt mig meget tæt på Gud. Jeg var sur på mig selv for at synde. Så følte jeg, at ånden sagde, jeg skulle vende mig om. Bag mig, uden for mit synsfelt, var et par næsten ved at elske, der lige bag mig! Jeg opdagede, at jeg "opsamlede"deres tanker. I denne situation så jeg ikke på parret, før jeg "opsamlede"deres tanker, men jeg tror, dette var et engangstilfælde, så Gud kunne lære mig at indse, hvad der skete med mig.

Jeg vil gerne understrege, at dette med at kikke på mennesker og få en følelse ikke sker hele tiden hver dag, men det sker ofte, når ånden bevæger sig, og det sker specielt, når jeg prædiker.

Måske hører du melodier og sange?

Måske ser du rent faktisk et billede i dit hoved? Jeg ved, at min kone Merle, før hun blev en kristen, engang var i en kirke, og vi bad alle sammen ved mødets slutning. Hun havde lukket øjnene og så billedet af en kilde i sit hoved. Hun kunne se vand, men hun kunne ikke se detaljer. Lige efter dette rejste en af vores venner sig op og sagde: "Jeg har lige set billedet af vand i mit hoved, og Gud siger til mig, at jeg skal sige dette, fordi der er en, der har set det samme billede."

Dette var faktisk et vendepunkt i min kones historie om, hvordan hun blev en kristen, fordi hun forstod, at Gud er virkelig og talte til hende gennem billeder.

Lad mig opsummere på spørgsmålet: Hvad er din nøgle? Har du fundet ud af, hvad din nøgle med Gud er? Det kunne være en af de samme ting, eller det kunne være noget helt andet. Hvis du ikke ved, hvad din nøgle er, så tror jeg, du sandsynligvis vil gå glip af mange situationer, hvor Gud taler til dig.

Bare for at hjælpe dig til at forstå dette bedre, så er her, hvordan min nøgle virker. Når Helligånden bevæger sig, begynder jeg at få trækninger i min mave, på siden af maven - næsten en slags kløe. En dag var jeg i kirke, og under lovsangen til Gud fik jeg nogle trækninger i maven, og jeg tænkte: "Åh, Gud vil tale til mig, så jeg må hellere lytte efter", og så vendte jeg mig om og begyndte at kikke på folk. Jeg så en dame i forsamlingen, som jeg ikke kendte særligt godt, og jeg fik en følelse af bekymring, lettelse og spænding. Så jeg gik over til hende efter mødet. Jeg vidste en ting om hende - hun havde lige været på en tur til Australien. Jeg spurgte: "Hvordan var din tur til Australien? Var du bekymret?", og hun sagde: "Ja, jeg var". Da jeg sagde ordene "var du bekymret", fik jeg lidt mere af, hvad der var foregået, og jeg sagde til damen: "Gud siger, han var med dig hele denne tur, selvom den var meget udfordrende og farlig til tider. Gud vil have, du skal vide, at han var med dig." Jeg vil ikke komme ind på hele historien, men det viste sig, hun havde oplevet en særdeles stor udfordring på turen til Australien. Hun havde ikke fortalt nogen om, hvad der var sket. Hun var ovenud lykkelig, da hun fandt ud af, at Gud helt sikkert havde været med hende gennem det.

4. skridt: Vær modig.

Når min familie tager på cykeltur nær ved, hvor vi bor, så stopper vi gerne op for at se på en flok mennesker, som regel unge, rapelle ned fra siden ad en bro på cykelstien, vi bruger.

Unge mennesker kommer i grupper og rapeller ned ad broen under opsyn. De begynder med at kravle over rækværket, og så går de langsomt ned fra toppen af broen, før de endelig hænger i det fri, og så firer de sig 30 meter ned. Når de kommer ned, er det som regel under stor hyldest fra deres venner.

Det er meget spændende at høre, hvad der sker. For det første skal personen, der gør dette, omhyggeligt høre efter instruktørens stemme. De skal stole på, at instruktøren har styr på sikkerheden. Så skal de starte med at læne sig ud og stole på, at rebet holder dem. Så skal de bevæge sig fra lodret til vandret, så de kan gå ned ad muren.

Jeg tror, at alle disse punkter er sande i forhold til at træde ud og bruge enhver nådegave - og specielt omkring profetiens gave.

Jeg kan ikke give dig flere tips til at være modig - jeg tror, du bare må kaste dig ud i det og være modig.

5. skridt: Du skal starte, før du kan slutte.

Det er altid sådan, at når jeg giver et ord eller en profeti til en person eller en kirke, så har jeg ikke hele ordet, når jeg begynder. Jeg kan huske sådan en situation for nogle år siden, hvor det eneste ord, jeg havde i mit hoved til en dame, var ordet "breve". Så jeg sagde ordet "breve..."

Så gav Gud mig den næste stump, hvilket var: "Rent faktisk to breve - ét angående en arv og det andet med nogle dårlige nyheder om et familiemedlem."Damen havde faktisk fået de to breve, og Gud var i stand til at blive involveret i situationen.

Pointen her er, at da jeg startede, så havde jeg kun ordet "breve", resten kom efter, at jeg startede. Det er næsten, som om jeg gerne vil have det hele i hovedet, før jeg starter op, men Gud siger: "Jeg fortæller dig det første, resten "kommer vi på"sammen, når du har givet den første bid."

Et andet eksempel er, da jeg havde ordet "forsvundet"til en mand i en kirke, jeg besøgte i Nordengland. Da jeg sagde dette ord til ham, kom resten, hvilket var: "Du har to forsvundne sønner."(Manden var flygtning). "Gud siger, de har det godt, og du vil finde ud af, hvor de er i løbet af det næste år - men de har det godt."

Lad os slutte denne sektion med en mental øvelse for at illustrere pointen. Jeg vil gerne have, du forstiller dig, at du er på en vippe henover en swimmingpool uden vand. Det er væsentligt, at der ikke er vand i. Jeg vil gerne have, du forstiller dig, Gud siger til dig: "Tag et hovedspring i poolen."Du siger: "Men der er ikke noget vand i, Herre. Hvis du fylder vand i, så springer jeg."Så siger Gud til dig: "Stol på mig - du begynder at springe, og så snart du har forladt vippen, så fylder jeg vand i."

SLUTBØN

Herre, hjælp mig med at tage de første skridt uden at bekymre mig om at kunne falde. Jeg stoler på, at du vil holde øje med mig og samle mig op.

Amen

Kapitel 7

Dag 3 - Hvad menes der med personlig profeti?

Hvor mange af jer ved, at der faktisk er givet to typer profetiske ord i Biblen? Der er de ord, som jeg vil kalde "messianske"profetiske ord, hvilket er om tingene, der kommer, om Jesus og om Guds plan for denne verden. Og så er der de personlige profetier, hvor en profet fx siger noget til en specifik person eller til flere personer.

Disse håndteres meget forskelligt i Biblen, og vi bør gøre det samme...

7.1 Eksempler på personlige profetier i Biblen

For at kunne forstå de personlige profetier bedre, vil jeg kikke på tre eksempler af personlige profetier i Biblen.

Læs venligst 2. Kong. 20:1-6:

"På den tid blev Hizkija så syg, at han var ved at dø, og profeten Esajas, Amos' søn, kom til ham og sagde: "Dette siger Herren: Beskik dit hus, for du skal dø; du bliver ikke rask!"

Så vendte Hizkija ansigtet ind mod væggen og bad til Herren: "Ak, Herre, husk dog på, hvordan jeg har vandret for dit ansigt, trofast og helhjertet, og altid har gjort det, som er godt i dine øjne."Og Hizkija græd højt.

Men før Esajas var nået ud gennem den mellemste gård, kom Herrens ord til ham: "Gå tilbage og sig til Hizkija, mit folks fyrste: Dette siger Herren, din fader Davids Gud: Jeg har hørt din bøn, jeg har set dine tårer, og jeg vil helbrede dig. I overmorgen kan du gå op i Herrens tempel. Jeg giver dig endnu femten år at leve i, og jeg vil redde dig og denne by fra assyrerkongen; ja, jeg beskytter denne by for min og min tjener Davids skyld."

Historien er meget simpel - den store profet Esajas er kaldet af Gud til at tage hen til Hizkija og fortælle ham, at hans liv er ved at slutte. Hizkija angrer sine synder og beder til Gud. Før Esajas har forladt den mellemste gård, beder Gud ham om at vende om og fortælle Hizkija, at han har femten år mere.

Det er klart, at Esajas ikke havde misforstået noget, da han talte første gang, så ændrede Gud holdning baseret på, hvad Hizkija gjorde? Var Esajas' første ord mejslet i sten? Jeg vil vende tilbage til de spørgsmål senere.

Lad os kikke på et andet eksempel i historien om Jonas.

Læs venligst Jon. 3-4:2:

"Derefter kom Herrens ord for anden gang til Jonas: "Rejs til den store by Nineve, og råb det, jeg befaler dig, ud over den."

Jonas rejste så til Nineve, som Herren havde befalet. Nineve var en stor by for Gud, tre dagsrejser stor. Da Jonas var kommet en dagsrejse ind i byen, råbte han: "Om fyrre dage bliver Nineve ødelagt!"Mændene i Nineve troede Gud på hans ord; de udråbte en faste, og både store og små klædte sig i sæk.

Da sagen kom Nineves konge for øre, rejste han sig fra sin trone, tog sin kappe af, klædte sig i sæk og satte sig i støvet.

Derpå lod han udråbe i Nineve: "Befaling fra kongen og hans stormænd: Hverken mennesker eller dyr, køer og får, må spise noget; de må ikke græsse, og de må ikke drikke vand. Både mennesker og dyr skal klæde sig i sæk og råbe til Gud af al magt. De skal vende om fra deres onde vej og holde op med at øve vold. Måske vil Gud så fortryde og vende om fra sin glødende vrede, så vi ikke går til grunde."

Da Gud så, at de vendte om fra deres onde vej, fortrød han og bragte ikke den ulykke over dem, som han havde truet dem med.

Da blev Jonas meget forbitret og vred. Han bad til Herren: "Ak, Herre, var det ikke det, jeg sagde, da jeg endnu var i mit land! Det var jo derfor, jeg ville flygte til Tarshish. Jeg vidste jo, at du er en nådig og barmhjertig Gud, sen til vrede og rig på troskab, og at du fortryder ulykken..."

Igen er historien, at Gud beder sin profet om at tage til Nineve og fortælle dem, at det hele er ovre. Igen svarer og angrer folkene i Nineve deres synder, og igen ser det ud til, at Gud ændrer mening. Jonas siger også i sin vrede: "Jeg vidste, du ville gøre dette."

Ændrer Gud mening? Her tror jeg, at svaret er: "Nej, det gør han ikke." Gud vidste, at både Hizkija og folkene i Nineve ville angre og svare, før han gav profetien. Jeg mener dog stadig, at ordene er korrekte på tidspunktet, de blev givet, og korrekte, da de senere blev ændret. I hvert tilfælde beskriver profeten Guds hjerte og beskeden, Gud ville give dem. I begge tilfælde var det ikke en fremtidsprofeti, men en beretning om Guds hjerte.

Mit tredje eksempel om et personligt profetisk ord dækker hele Israels befolkning, da de forlod Egypten og tog til det forjættede land. Det menes, at over en million mennesker var involveret på dette tidspunkt, inklusiv kvinder og børn. Jeg foreslår, at du læser 4. Mos. 13-14:23.

Af den ene million mennesker, der fik lovet landet af Gud, var der kun to, der modtog det - Josva og Kaleb.

Havde Gud givet dem et land eller ikke? Det fremgår klart, at han gjorde (13:2), men senere sagde han, at ingen ville komme ind (14:23).

Lad os nu kikke på den anden type profetier.

7.2 Eksempler på messianske profetier

Denne type profetiske ord er profetier, der beskriver frelsesplanen, som udfolder sig igennem historien.

Der er mange eksempler af denne type i Biblen. Et par steder, der springer frem, er Es. 9:2-6 og Joel 2:28-29. Læs venligst dem i din Bibel.

Disse profetier er fastsatte, og de bliver opfyldt uanset hvad. Gud har kundgjort det. Som det siges i Esajas 9:6 (Biblen på hverdagsdansk): "Herren, den Almægtige, vil gøre, hvad han har besluttet."

Jeg håber, du kan se, der er en klar forskel?

7.3 Mere om personlige profetier

Personlige profetier er meget afhængig af, hvordan folk reagerer på dem. Lad mig gentage spørgsmålet, som jeg stillede ved historien, vi læste i starten, fra 2. Kong. 20 - "Ændrer Gud mening?- og svaret på dette er: "Nej, han ændrer ikke sin mening."Gud er ikke begrænset af, hvad han ved, vi vil gøre, når vi reagerer på et ord fra ham, og han er heller ikke begrænset af, hvad han ved, hvad han vil gøre. Gud er ikke begrænset af, hvad vi gør, ej heller er han begrænset af sin egen viden. Rent faktisk, så kan det siges mere simpelt; Gud er ikke begrænset.

Men i sin visdom har han bestemt, at det er vigtigt, hvordan vi reagerer på disse profetiske ord. Ikke vigtigt for ham, men vigtigt for vores udvikling. Der var engang én, der sagde: "Gud er mere interesseret i din fremtidige personlighed end din nuværende magelighed."

Når der kommer en personlig profeti, når du enten giver en eller modtager en, er der typisk to dele til den. Jeg har tendens til altid at give dem i denne form nu, men selv om den ikke er givet på denne måde, har profetien de to dele i sig.

1. del er "krogen": Noget, der får din opmærksomhed, som fortæller dig, at det er Gud. Det er enten det rette tidspunkt, de rette omstændigheder eller nøjagtigheden i detaljerne. 2. del er "fremsigelsen": Hvad Gud vil have, der kommer frem eller sker.

Lad mig give dig et par eksempler fra mit eget liv. I Sheffield, for ca. 15 år siden, bestemte min kone Merle og jeg os for at flytte. Vi havde set på et hus, som vi tænkte på at købe, men vi var lidt bekymrede for boligmarkedet på det tidspunkt i England. Priserne steg meget hurtigt, og derfor var jeg urolig for, at den endelige pris ville være meget højere end den udbudte pris. Og så, da jeg havde talt med nogle venner og arbejdskolleger, tog jeg tilbage til husets ejer og tilbød ham en pris for huset på den betingelse, at vi gav håndslag på det. Jeg sagde: "Jeg er en ærlig mand, og jeg vil holde mig til den aftalte pris. Jeg vil ikke prøve at presse prisen ned, hvis jeg finder ud af, at taget er utæt eller lignende. Jeg vil gerne afslutte handlen. Vi giver håndslag på prisen i dag, og jeg vil ikke prøve at genforhandle den senere, men du vil heller ikke prøve at forhandle med en anden køber."Til dette svarede ejeren: "Det er fint med mig. Jeg synes, du er en ærlig mand, og det passer mig, så lad os gøre det."

Hvis jeg skal være helt ærlig, så tog jeg derud for at kikke på det og tale om nogle ting, men det skete så hurtigt, og jeg havde ikke talt med min kone om at afgive et bud. Så jeg fandt ud af, at jeg var i en situation, hvor jeg skulle til at ringe til min kone for at fortælle hende, at jeg havde givet håndslag på et nyt hus. Det var godt nok et hus, hun ville have, så det var ikke sådan, at jeg skulle ringe og fortælle, at vi skulle flytte til et hus, hun ikke kendte, men jeg havde ikke haft hende med i beslutningen, som jeg burde. Så jeg ringede til min kone med let bæven for at fortælle, at vi havde købt et hus. Da jeg havde fortalt hende det, sagde hun: "Det er meget interessant, for her til morgen fik jeg et håndlavet kort fra Elisabeth, (ikke det rigtige navn), og inde i kortet stod der: "Gud planter jer begge i en ny frugthave. Der, hvor han planter jer, er et sted, hvor I vil vokse, og I vil vokse sammen med mennesker, der er lignende træer som jer, og I vil være i sikkerhed, og I vil vokse på en sund måde."Og så i bunden af kortet havde vores ven Elisabeth skrevet en personlig kommentar: "Hej Merle og Ian, jeg følte, jeg skulle sende dette kort her til morgen, så I får det i morgen tidlig. Jeg kunne faktisk ikke gøre andet, førend jeg havde fået det med posten."

Så der var vi. Jeg havde lige ringet til min kone for at fortælle, jeg havde givet håndslag på et nyt hus, og min kone fortalte, at hun havde fået et kort i dag. Helt åbenlyst på samme tidspunkt med en masse meldinger om, hvad dette nye hus ville betyde for vores vækst. Og det er, hvad jeg mener med "en krog". Du ser, dette var ikke et tilfælde.

Kortet sagde ikke bare: "Gud vil velsigne dig."Tidspunktet var "krogen", der fik mig til at lytte efter. Resten af kortet var "fremsigelsen", hvad Gud ville have, der skulle ske, hvad der skulle ske med os, hvad dette nye hus ville bringe til os og noget om den nye kirke, vi ville blive tilknyttet snarest derefter.

Det er interessant, at nogle af de ting, der var skrevet i kortet, var en kamp at få til at ske, og nogle af dem var ret lette. Jeg var overbevist om, at det alt sammen var noget, Gud ville for os.

Lad mig give dig et andet eksempel. I et tidligere afsnit har jeg allerede nævnt en konference, som kaldes Soul Survivor (overlevelse for sjælen), som afvikles hver sommer i England. Jeg var til denne konference og involveret i at bede for mennesker, da en af de unge fra vores kirke, lad os kalde ham Robert, kom op til mig og sagde: "Jeg har lige haft et billede af dig, Ian, som en flodhest."Hvis du aldrig har mødt mig, så er jeg en ret stor fyr med et skaldet hoved og en spids næse, så det var ret sjovt at høre, at specielt en stille, genert ung fyr sige, han har et billede af mig som en flodhest. Hvis jeg skal være ærlig, så tænkte jeg ikke meget over det, men jeg opmuntrede ham og sagde: "Det, du bør gøre, er at lægge dine hænder på mig og begynde at sige ordet "flodhest"og se, om der kommer andre ord."Jeg fik nogle mennesker til at stå omkring mig og lægge deres hænder på mig, og så lagde denne unge Robert sine hænder på mig og sagde: "Gud siger, du er som en flodhest."Han tilføjede med det samme: "Ja, faktisk er du en tyndhudet flodhest. De fleste flodheste har tyk hud, men du er tyndhudet."Hvis du kender mig godt, som min kone og tætte venner gør, så er jeg ret tyndhudet. Jeg bliver bekymret over meget. Jeg tager ting alt for personligt. Jeg kan overreagere på ting. Det er et helt problem i mit liv. Men denne unge mand vidste det ikke. Så jeg vidste, det var Gud, fordi han kom med denne tyndhudede flodhest, og så snart han havde sagt ordene, var der noget, der ringede for mig. Jeg vidste, det var en besked fra Gud.

For at gøre det klart, så er der mange mennesker, der over årene har bedt for mig. Jeg har mange gange oplevet mennesker komme med ord til velsignelse og opmuntring til mig. Bibelske ord, ord fra Biblen - men jeg vidste, at dette ord fra denne unge fyr var betydelig. Jeg vidste, Gud var vejledende med dette ord i mit liv. Alle bibelske bønner er vigtige i mit liv. Jeg siger ikke det modsatte, men dette havde en vigtighed for mig på grund af ordet "tyndhudet". Robert forsatte med at sige: "Gud siger, du er tyndhudet, og du skal få noget tykkere hud."Og så sagde han noget mere, hvorefter jeg blev meget overvældet af Helligånden og krøllede mig sammen på gulvet. Folk bad for mig. Det var et kraftfuldt fysisk møde med Gud, såvel som et kraftfuldt møde med Gud gennem det ord, han gav mig.

Så det var to eksempler på personlige profetier, der blev givet til mig, som begge viser "krogen og fremsigelsen", og begge viser, at jeg skulle gøre noget for at få dem til at ske.

Når du giver et profetisk ord til folk, eller når du modtager dem, er de ved Guds uendelige visdom påvirkelige af, hvordan du reagerer på dem. Det vil sige, at du har en stor indflydelse på succesen af den personlig profeti, som er givet til dig. Med andre ord så involverer det et partnerskab mellem Gud og dig.

Gud behøver ikke gøre det på denne måde, da han kan gøre det på alle måder, han ønsker, men han har bestemt, at det er et partnerskab til vores favør og udvikling. På en måde er profetiske ord ikke mejslet i sten, men de er Guds potentiale for dig, hvad han ønsker for dig. I Jer. 29:11 siger han: "Jeg ved, hvilke planer jeg har lagt for jer, siger Herren, planer om lykke, ikke om ulykke, om at give jer en fremtid og et håb."I den engelske oversættelse, der hedder The Message, står der: "Planer om at give dig den fremtid, du håber på."

Hvad tror jeg, disse personlige profetier er for mennesker? De er den fremtid, som Gud håber på.

SLUTBØN

Herre, hjælp mig med at forstå personlige profetier bedre. Jeg beder om, at jeg i mit eget liv vil se værdien af personlige profetier for mig og mine kære.

Amen

Kapitel 8

Dag 4 - Samarbejd med Gud i dit liv og i din tjeneste

Tak, at du er blevet her sammen med mig. Jeg håber, du får noget ud af det indtil videre. Husk dette er en kort bog, så vi skal skynde os videre. Det, jeg vil skrive om nu, er ikke om, hvordan du giver profetiske ord, men om hvordan du reagerer, når nogen beder for dig og giver dig profetiske ord.

Årsagen, til at det er vigtigt, er, at jeg har lært, at Gud vil give dig profetiske ord til andre, når du reagerer rigtigt på de profetiske ord, der gives til dig.

Var det profetiske ord til mig, om at jeg skulle være tykhudet, garanteret til at blive opfyldt? Nej, eftersom jeg i det følgende år befandt mig i nogle af de værste situationer, som jeg nogensinde har været i. Jeg blev alvorligt udfordret, af hvordan bestemte mennesker fik mig til at føle mig under visse problemer, til et punkt, hvor jeg var ekstremt frustreret og til tider tænkte på at trække mig tilbage. Hver gang det skete, tænkte jeg på ordene om, at jeg skulle udvikle en tyk hud. På det tidspunkt havde jeg et valg, om jeg ville tillade det profetiske ord influere de valg, jeg skulle tage, eller om jeg ville afvise det profetiske ord og sige: "Nej, nej, nej, jeg vil blive ved med at være tyndhudet, og jeg vil overreagere igen."Det var meget svært for mig at vælge ikke at reagere, men ved at vælge ikke at reagere begyndte jeg at udvikle en tyk hud.

Rent faktisk, så lad mig sige det sådan her - det profetiske ord gjorde mig opmærksom på, at der i det kommende år ville være muligheder eller udfordringer, hvor jeg ville have valg, der enten gjorde mig i stand til at udvikle tyk hud eller forblive tyndhudet.

Lad mig tale om et hypotetisk eksempel. Lad os sige, at der opstår en situation, hvor jeg er sammen med to unge drenge, begge 11 år gamle, og der kommer én med en stor profetisk tjeneste og beder for dem og giver dem et profetisk ord. Han siger, at de begge vil blive meget talentfulde og gudsbegavede lovsangere, og de vil blive salvet til at lede lovsang. På dette tidspunkt har ingen af drengene, lad os kalde dem George og Simon, nogen musiktalent overhovedet.

Lad os antage, at George tager afsted, og over de næste 5 år lærer han at spille et musikinstrument virkelig, virkelig godt, og han kommer med i kirkens lovsangsteam. Han øver sig hver uge, indtil han er så god, at han kan begynde at spille i bandet, dernæst lede nogle af sangene, og til sidst er han så god, at han kan lede lovsangen, og lovsangen er god. Det var George.

Lad os nu antage, at Simon på den anden side tænker: "Smukt, jeg bliver en lovsangsleder. Fantastisk!", men han gør ikke noget ved det. Han lærer ikke at spille nogen musikinstrumenter og prøver ikke at være fintfølende med Gud. Rent faktisk, da han er 17 år, begynder han at komme sammen med en ikke-kristen kæreste, som ikke er interesseret i Gud, og det ender med, de flytter sammen. Lad os så sige, at Simon kommer til mig og siger: "Hvad skete der med det profetiske ord, som jeg fik fra Gud? Det er helt klart ikke blevet opfyldt." Jeg vil hævde, at det faktisk ikke er blevet opfyldt, fordi Gud, med sin uendelige visdom, har ladet Simon, gennem valgene Simon har taget, bevæge sig væk fra den "fremtid, du håber på", med Jeremias' ord.

Lad os opsummere. Personlige profetier er om mennesker, ikke om omstændigheder eller situationer. De indeholder ofte nogle ting, der giver dig vished om, det er Gud - enten omstændighederne eller noget med måden, det er sagt på, bærer en sandhed med sig. Hvis du meget tydeligt mærker Helligånden, så er det et andet tegn på, at dette ord er vigtigt og kraftfuldt. Men hvad du gør med disse ord bagefter, det er lige så vigtigt som ordet, der blev givet.

Hvis du tager de profetiske ord, der er givet til dig, og placerer dem i en mappe med profetiske ord hjemme på dit skrivebord og aldrig kigger på dem igen, ikke gør noget ved dem, ikke tager nogle beslutninger baseret på dem, og så senere i livet sætter spørgsmålstegn ved, om det var et profetisk ord eller ej, så er du gået glip af, hvad Gud gør i dit liv, og hvordan han bruger disse ord til at opmuntre og udfordre dig.

8.1   Tal med og lyt til dine venner og ledere

Det er altid vigtigt, når du får et profetisk ord fra nogen, at du reagerer rigtigt på dette ord, både på den korte, mellemste og lange bane. Jeg vil virkelig gerne snakke med dig om, hvordan du reagerer. Nøglen til dette er hovedsageligt bare at være åben overfor, hvad dette ord betyder for dit liv nu.

Jeg vil typisk anbefale, at du, når du modtager et profetisk ord, først og fremmest taler med nogen om det, specielt med nogen fra din kirke. Der er noget kraftfuldt over, at nogen, der ikke kender dig, siger noget meget sandt og meget præcist om dig, men ordet skal stadig måles og afvejes.

I brevet til Korinterne står der, at når der er givet et ord, så skal det afvejes af mennesker. Det siger ikke, at det altid skal afvejes af en bestemt person som fx en ælder i kirken, men det siger, at ordet skal afvejes af nogen. Denne proces betyder for mig, at jeg tager det profetisk ord, som jeg har fået, og taler om det med de mennesker, jeg holder af og stoler på, og jeg spørger dem om, hvad de tror, det betyder. Min personlige erfaring med at gøre dette er ofte, at min første ide om, hvad ordet betyder, ikke er i nærheden af, hvad det betyder, når jeg har snakket med min præst om det og virkelig forstået det.

8.2   Gå ikke ud fra, du ved, hvad det betyder

Det er meget nemt at misforstå det profetiske ord, selv om det er klart i det øjeblik, man får ordet, og derfor er det en god ide at tale det igennem med nogen. Jeg kan huske et eksempel for mange år siden, hvor manden i et par ønskede at flytte til Amerika, men konen ønskede ikke at flytte. Forståeligt nok var der nogle spændinger, fordi konen ikke ville forlade kirken, hvor de var med alle deres venner og familie.

En dag kom én, de ikke kendte, hen til dem og profeterede over parret med ordet "vent". Det var hele budskabet. Det var bare: "Jeg føler, Gud har et ord til jer. Jeg kender ikke jer eller jeres situation, men ordet er "vent". Jeg håber, det betyder noget for jer." For mange af os, der kendte parret, var det en god ting. Det var godt at høre, da vi tænkte: "Nå ja, vi tror ikke, dette par skal flytte til Amerika, og derfor var det godt at høre ordet "vent"."

Nogle dage senere spurgte jeg manden, hvad han tænkte om det ene ord, og han sagde: "Tja, det er ret interessant, er det ikke? Men venter vi her, eller venter vi i Amerika? Det er jo min beslutning, og jeg tror, vi venter i Amerika."

Det er altså muligt at fortolke ord på en måde, der slet ikke var meningen. Det er derfor, jeg synes, at den første respons altid må være at snakke det igennem med nogle mennesker, man holder af og stoler på, og som også elsker Gud.

8.3 Fremtiden, du skal kæmpe for

En anden egenskab ved profetiske ord er, at de altid taler om, hvordan fremtiden er for dig som person, eller hvad Gud ønsker for dig i fremtiden, men det er meget let at høre denne fremtid og tænke, at du allerede er der.

Et personligt eksempel kan være dette ord, jeg modtog, da jeg var ret ung i troen.

Det var fra:

Zak. 3:7: *"Dette siger Hærskarers Herre: "Hvis du vandrer ad mine veje og holder mine bud, skal du styre mit hus og vogte mine forgårde, og jeg giver dig adgang til at færdes blandt dem, der står her."*

Jeg var en meget ung kristen dengang. Jeg husker, jeg kom tilbage fra konferencen og tænkte: "Nå, det var meget spændende. Hvad mon "styre mit hus"betyder? Mon det sker i næste uge?"Så viste jeg det til én, som jeg holdt af, og sagde: "Se på dette ord "...du skal styre mit hus". Wow!"

Min ven var meget begejstret for det med at styre, men han sagde: "Læste du den første del Ian? Der, hvor der står: "...hvis du holder mine bud"?"

Over tid har jeg oplevet, at Gud gav mig et løfte, men han bad mig om at forpligtige mig til at gøre nogle bestemte ting for at hjælpe med at gennemføre det. Mellem "nu", hvor ordet gives til dig, og "derpå", hvor det bliver opfyldt, er, hvad jeg kalder, vejen til modenhed.

Det givne ord er ingen garanti. Det er ikke en genvej eller en undskyldning for at undgå ansvar, forpligtelser eller lydighed. Det er et tilbud fra Gud om at forpligtige dig på modenhedens vej for at nå til løftet. Jeg vil gerne have, du er taknemlig for det, når du får disse profetiske ord. Du bør bede til Gud: "Tak, tak for, at du griber ind i mit liv", men du bør også give Gud et løfte om at tage de valg og udføre de aktiviteter, der udvikler disse ting i dit liv. De bringer den modenhed med, vi snakker om. Modenhed er nøglen i dette, da en af grundene til, at Gud giver profetiske gaver i kirken, ifølge Ef. 4 er, så legemet, (det er os), kan blive modnet. Selvom dette er specifikt omkring rollerne i kirken, så tror jeg også, det dækker nådegaverne i kirken.

Hvorfor giver Gud disse profetiske ord? Det er for at hjælpe os til at blive modne. Så vidt jeg ved, er der kun to redskaber til modenhed i kirken, og det er "Det var min fejl"og "Undskyld". Hvis du er i en kirke, og du har problemer med mennesker, så er dette de eneste to ting, du kan sige for at skabe forandring. Jeg kan også bruge de mere kendte kirkeudtryk som "tilgivelse"og "anger", hvis du vil, men det betyder det samme. Hvornår brugte du sidst disse udtryk? Jeg mener, hvornår sagde du rent faktisk disse ord?

Jeg kan huske, at jeg for mange år siden lyttede til en prædiken af Terry Virgo, som talte over passagen fra Rom. 5, som har begrebet "overgiv og lev". Jeg kan huske ham fortælle om omstændigheder i livet, der bringer dig til det punkt, hvor du enten overgiver dig til Guds vilje, kæmper igennem og kommer ud på den anden side af denne svære periode, og derefter går videre med Gud, eller du lader være. Hvis du lader være, så hopper du bare over omstændighederne og kommer tilbage i en stor cirkel til den samme situation.

Så lad os antage, du har et problem med autoriteter. Når du er 30 år, er du i en kirke, hvor du bliver udfordret af noget og siger: "Nuvel, den leder kan ikke tale sådan til mig."I stedet for at overgive dig, have lidt ydmyghed og prøve at lære, hvad du kan, så hopper du bare over og beslutter dig for at forlade kirken. Så lad os gå videre til, du er 35 år og i en ny kirke. Præcis det samme sker - en anden konfrontation med lederne, og du hopper over igen og forlader kirken. Og det sker igen, når du er 40, og når du er 45, og når du er 50 år. Pointen, som Terry Virgo havde, hvilket jeg gentager, er dette: "Hvis du havde lært lektien første gang, det skete, kunne du have sparet dig selv for mange års vandren rundt, uden at bevæge dig videre med Gud."

Husker du, at Josva og Kaleb var de eneste to, der kom ind i det forjættede land. De, der stod tilbage, er historien om mennesker, der tog forkerte beslutninger og ikke blev modne. Sådan er det. Profetiske ord undskylder ikke synd i dit liv. De undskylder ikke uansvarlighed eller dårlige valg, du kan tage, og er bestemt ikke en undskyldning for manglende tro.

Lad mig give dig et andet eksempel. Forstil dig, at jeg gav et profetisk ord til et ægtepar om, hvor stærkt deres ægteskab ville blive. Forstil dig, at jeg sagde til dem, at det ville blive en klippe, et fundament for kirken, men så beslutter manden: "Nå, den er fin, så får jeg en affære med sekretæren."Det profetiske ord kan stadig blive opfyldt i sidste ende. Gud vil måske bringe dem sammen igen. Der kunne være anger. I sidste ende kunne deres ægteskab blive stærkere end nogensinde før. Det er alt sammen muligt ved Guds nåde og barmhjertighed, men min pointe er, at du ikke opfylder Guds profetiske ord ved at synde.

Du opfylder det heller ikke ved at være uansvarlig. Det kunne være, at manden ikke havde en affære, men over tid begyndte han at være længe på arbejde, han begyndte at flirte lidt med sin sekretær og ikke så meget hoppede ind i hendes arme, men nærmest bare mere faldt ubekymret ind i dem? Du opfylder ikke Guds ord ved at være uansvarlig.

Det undskylder heller ikke at tage dårlige beslutninger. Konen kunne, efter at have hørt ordet, beslutte, at hun ikke behøvede at tale med sin mand eller bruge tid på at kommunikere med ham. Hvis hun havde bekymringer, ville hun ikke delagtiggøre sin mand i dem. Med andre ord, så valgte hun at leve et separat liv. Du opfylder ikke Guds profeti ved at tage dårlige beslutninger.

Og endelig er et profetisk ord ingen undskyldning for manglende tro. Igen, forstil dig, at du hører et profetisk ord under nogle omstændigheder, der er ret mirakuløse. Et ord om, hvordan din fremtid med Gud kunne blive. Men din reaktion på dette var: "Nej, nej, nej, det er ikke mig, det kan jeg ikke tro." Senere tænker du på ordet og undrer dig: "Hvorfor skete det ikke?" Svaret er manglende tro.

Dette er alle eksempler på, hvordan du kan influere et profetisk ords opfyldelse. Mit råd til dig er, at du allerede nu bestemmer dig for at tage de rette beslutninger, så du ikke vil lade disse ting komme i vejen for den fremtid, Gud har for dig, og det kald, Gud har til dit liv.

SLUTBØN

Herre, hjælp mig til altid at samarbejde med dig. Hjælp mig til at tage beslutninger, som frembringer den fremtid, du håber på for mig.

Amen

Kapitel 9

Dag 5 - Hvordan man beder for mennesker

"Det er højforræderi at tage en nådegave, du har fået af Gud vores skaber, og bruge den til at pege på dig selv i stedet for den Gud, der har skabt dig."

I dag vil jeg kikke på en model for, hvordan du kan bede med mennesker, og hvordan du kan indskyde Guds profetiske ord i situationen, når du beder. At bede sammen med mennesker og se Gud gøre ting er et vidunderligt privilegie, og for mig er det højdepunktet af denne tjeneste.

Men det er også fyldt med fælder og ting, der kan gå galt, så jeg vil gerne give dig en model eller en etikette for, hvordan du beder med mennesker, hvor der er lagt vægt på sikkerhed for alle parter.

Jeg siger etikette, da jeg ikke tror, der er en rigtig eller en forkert måde at gøre dette på. Selv eksemplerne i Biblen er sikkert undtagelser fra den normale måde at bede for mennesker på, (fx hvor Jesus smører mudder på en blind persons øjne!).

Jeg vil beskrive min personlige holdning til at arbejde med åndelige gaver som "karismatisk med sikkerhedssele". Det betyder, at jeg tror på åndelige gaver og brugen af dem, men jeg ønsker ofte at sætte et sikkerhedsnet op for at sikre, at ingen falder igennem!

Efter jeg har arbejdet med dette område en stor del af mit kristne liv, er jeg ret sikker på, vi har brug for sikkerheden og at sikre os, at folk ikke bliver misbrugt eller manipuleret, når vi beder for dem. Det meste af det, jeg vil tale om i dette kapitel, kommer fra min erfaring med at prædike, undervise og bede for folk i forskellige situationer ved brug af den profetiske tjeneste samt afholde og støtte Alfakurser.

For et par uger siden, under en samtale med min ven Rick Lewis, spurgte han mig, hvor jeg havde fået mine principper for tjenesten fra, og vi sporede dem tilbage via Alfa til Sandy Miller fra Holy Trinity Brompton i London og via Sandy til John Wimber.

9.1 Hvorfor beder vi med mennesker?

Lad mig stille et spørgsmål. Hvad er tjeneste?

Jeg vil sige, at tjeneste er at møde andre behov med grundlag i Guds ressourcer, ikke i vores.

Lad os kikke på 2. Mos. 14:15-22:

"Herren sagde til Moses: "Hvorfor råber du til mig? Sig til israelitterne, at de skal bryde op. Du skal løfte din stav og række hånden ud over havet og kløve det, så israelitterne kan gå tørskoet gennem havet. Og jeg vil gøre egypterne hårde, så de følger efter dem. Jeg vil vise min herlighed på Farao og på hele hans hær, hans vogne og hans ryttere. Egypterne skal forstå, at jeg er Herren, når jeg viser min herlighed på Farao, på hans vogne og hans ryttere."

Guds engel, som gik foran Israels hær, rykkede nu om bag dem, og skysøjlen foran dem rykkede om bag dem, så den kom til at stå mellem egypternes hær og israelitternes hær. Skyen kom med mørke, men oplyste natten. Hele natten kom de ikke nær til hinanden.

Moses rakte sin hånd ud over havet, og hele natten igennem drev Herren havet tilbage med en stærk østenstorm og gjorde havet til tørt land. Vandet kløvedes, så israelitterne kunne gå tørskoet gennem havet, og vandet stod som en mur til højre og til venstre for dem."

Dette er en meget kendt historie fra Biblen, hvor Moses delte Det Røde Hav, og Israels børn flygtede igennem det, mens de forfølgende egyptere druknede. Gud bad Moses om at gøre noget meget enkelt - bare at række sin stav i vejret. Gud gjorde resten, og det er i virkeligheden kernen i tjenesten - helt enkelt at gøre, hvad Gud beder dig om og så overlade resten til ham. Den simple sandhed er, at Guds plan for tjeneste i sin kirke er gennem menneskene i sin kirke, og når vi gør, hvad han beder os om, så vil Gud gøre, hvad han har lovet.

9.2 Betydningsfulde værdier

Lad os starte med at gennemgå nogle af de værdier for tjenesten, som jeg lægger vægt på. Dette er værdier, der leder måden, jeg tænker på, og måden, jeg opfører mig på. Disse værdier betyder noget for mig, og jeg vil gerne opmuntre dig, så de også får betydning for dig. Disse værdier vil være grundlaget for den foreslåede model for tjeneste, som jeg senere vil skrive om.

1. værdi: Dette er Helligåndens tjeneste, ikke vores tjeneste.

Det er ikke i kraft af os selv, at vi beder, men det er i Guds. Jeg vil nævne det igen senere, når vi snakker om indstilling. Hvis vi får forkert fat i det og begynder at se det som vores egen tjeneste og tror, det er os, der er succesen, og os, der gør det, så vil Gud holde op med at velsigne vores tjeneste. Dette er Helligåndens tjeneste.

2. værdi: K.I.S.S. (Keep It Simple, Stupid - Hold det simpelt, dumme).

Det, Gud bad Moses om, var simpelt. Det, vi gør, er simpelt. Det kræver blot tro og at bede for mennesker. Det er i virkeligheden så simpelt. Da Jesus sendte sine disciple ud for at tjene (Luk. 10), sendte han dem ikke på et års træningskursus først. Det kræver ikke en hvid kjortel, det kræver ikke blinkende lys, storslået musik eller lignende.

Jeg kan huske, da jeg var ved at lære nogle af disse færdigheder og bad for nogen. Jeg bad en hel masse, bad i tunger et stykke tid og ventede på, der skete noget. Efter et stykke tid åbnede personen øjnene og sagde: "Jeg håber, det er ok, men jeg kan ikke koncentrere mig mere - jeg skal på toilettet."

Jeg kan huske et andet eksempel, hvor nogle venner bad for en mand, og hans kone og børn sad og kikkede på. Efter en halv time spurgte jeg konen, hvad hun tænkte om det, og hun sagde: "Jeg har sådan set brug for bilnøglerne, som han har i lommen, men jeg vil ikke forstyrre hans dybe tid sammen med Gud."I det tilfælde gik jeg over og spurgte manden: "Hvordan går det? Din kone har brug for bilnøglerne."

Vi kan virkelig gøre ting kompliceret, er det ikke rigtigt? Det er helt naturligt at bede for folk. Det vil sige, vi tror ikke på ideen om, at vi skal være specielle mennesker for at bede for andre, eller at vi skal bede en masse i tunger og bede vildt kraftigt.

Så det er vigtigt at være naturlig, simpel og ligefrem. Dette hjælper også, når vi beder for helbredelse. Så snart jeg har bedt for nogen, spørger jeg dem: "Hvordan har du det? Gør det stadig ondt?"

3. værdi: Koncentrer dig ikke om synlige tegn - men lyt til, hvad Gud siger eller gør indvendigt.

I 1. Sam. 16:7 står der, at Gud kikker på hjertet. Det er meget nemt, når du beder for folk, at koncentrere sig om folk, der græder, falder sammen, skriger eller griner. I virkeligheden kan der være nogle mennesker, der sidder stille og har et kæmpemøde med Gud, som vil ændre deres liv for evigt. Imidlertid kan personen, der hurtigt kom frem, skreg, faldt sammen, vred sig eller lo i forløsning, gå hjem og komme tilbage næste søndag og gøre det samme, uden at noget egentlig ændrer sig i deres liv eller karakter. Det er så vigtigt, vi ikke koncentrerer os om de ydre tegn.

4. værdi: Enhver tjeneste, ethvert ord og enhver bøn skal være under Biblens autoritet og helst have reference til Biblen.

Jeg vil aldrig være enig i eller opmuntre nogen til at give et ord, der er i modsætning til noget i Biblen. Lad mig give dig et eksempel. Jeg vil gøre det meget åbenlyst, så du forstår, hvad jeg mener.

Hvis jeg følte, at Gud sagde, at en eller anden aldrig mere skulle tale med en anden, og jeg gav dem det ord, så ville det være forkert, eftersom der i Biblen står, at vi skal være et legeme og kommunikere godt med hinanden samt bekende synder overfor hinanden. Jeg ville træde ud af Biblens autoritet, hvis jeg gav dem ordet.

Hvis du beder for nogen, og du ikke oplever, der sker noget på den profetiske side, så kunne du bestemt bruge tid på at sige bibelvers. Jeg kender mange situationer, hvor mennesker har bedt i timevis, banebrydende bønner, og de bad vers fra Biblen.

En af mine venner fortæller om nogle alvorlige helbredsproblemer og udfordringer, de engang havde i familien, og om, hvordan Sal. 51 var det, der blev bedt hele tiden. Så det skal være i henhold til Biblen.

5. værdi: Vi skal altid beskytte individets værdighed.

Folk skal vide, at de i alle situationer er i sikkerhed, når de kommer frem, og der bliver bedt for dem. Jeg husker, at da jeg lige var begyndt mit kristne liv, var jeg til et møde, hvor der var omkring 100 mennesker, og nogen kom frem foran og sagde: "Der er én her, som har et alvorligt blæreproblem. Gud ønsker ikke, du skal have smerter mere. Vil du komme frem, så vi kan bede for dig?" Jeg kan huske, at jeg på det tidspunkt tænkte: "Okay, han ønsker måske ikke, at du skal have smerter, men han vil helt sikkert ydmyge dig?"

Vil det overraske dig at høre, at der ikke kom nogen frem?

Vi må beskytte den enkelte for enhver pris, selv under forbøn, selv når vi vejleder dem. Vi skal beskytte dem. Du vil se, det kommer senere i vores tjenestemodel, hvilket inkluderer at spille musik og lignende ting. Ikke for at skabe en stemning, men for at sikre, at det forbliver privat.

6. værdi: Forbøn er tjeneste i teams og ikke en individuel tjeneste.

Igen, dette vil komme senere i modellen, men det er et nøgleprincip, at det handler om teams og ikke om individer.

9.3 Tjenestemodel - Hvad vi rent faktisk gør, når vi beder for nogen

Disse værdisæt skaber grundlæggende modellen for tjenesten. Jeg vil gerne foreslå dig en model, som vi har brugt et stykke tid, og som beskriver, hvordan vi beder for mennesker. Den har vist sig at være meget effektiv og giver os en tryghed i måden, vi gør tingene på. Vi vil forslå dig den som inspiration, når du beder for mennesker. Det er ikke den eneste måde. Der er andre måder, det kan gøres på. Vi tror ikke, der kun er en rigtig måde, men denne model er så simpel, at alle kan være med.

Når du beder for nogen, er det ideelt at have et hold på to eller tre, som beder, selv hvis personen, du beder for, er en stærk kristen, og der egentlig kun er brug for én, der beder. At bruge den enkle model at altid have to eller tre, som beder, er godt og effektivt. Selv, hvis du beder for din bedste ven, og det kun er jer, er det en god løsning at have nogle få omkring jer. Når man benytter lidt flere mennesker, betyder det også, at de med mindre erfaring i at bede for andre kan bede sammen med de mere erfarne, og så kan de ikke erfarne forbedere lære at høre Guds stemme og få den bekræftet, når de opdager, de tænker de samme tanker som de andre. Jeg nævnte dette i forhold til min kone i kapitlet "Dag 1".

Hvis det skal være én til én, så foreslår jeg, at mænd kun beder for mænd, og kvinder kun beder for kvinder. Når du beder for mennesker, kan de være meget sårbare, og stærke følelsesmæssige bånd kan opstå. Jeg vil næsten altid sige, at jeg aldrig beder for en kvinde alene, (da jeg er en mand).

Én person bør tage føringen, mens de andre støtter. Det kan man godt skiftes til. En anden person kan lede på et andet tidspunkt, men der skal være én, der har ansvaret for at bede for personen. Så lad os sige, vi har min ven Susan, min kone Merle og jeg, og vi beder for vores ven Jane. Jeg begynder med nogle bønner og profetiske ord, og så siger jeg måske: "Merle, vil du bede?"Og på denne måde kan jeg gøre Merle opmærksom på, at hun nu kan overtage ansvaret.

Så der skal altid være én, der tager føringen. Forbøn skal altid være afslappet og privat, den skal have lav, ikke høj tale. Man kunne måske have noget musik eller et lovsangsband til at spille, ikke for at skabe en vild overnaturlig atmosfære, men simpelthen, fordi når jeg taler eller beder med nogen, så vil jeg være sikker på, at andre ikke kan høre det. Igen, husk altid at beskytte individets værdighed.

Vi sikrer os altid, at de er kristne. Det betyder, at når vi betjener folk, og vi taler om, hvad vi vil til at gøre, så spørger vi: "Kender du Kristus?", "Kender du Jesus?"eller "Har du mødt Gud?". Sætningerne er beslægtede og kan afhænge af, hvilken kirkesituation du er i. Der er nogle anglikanske kirker, hvor jeg ville sige: "Kender du Kristus?", mens jeg i nogle frikirker ville sige: "Kender du Jesus?".

Jeg er forundret over, hvor mange mennesker, der kommer frem til forbøn, som aldrig har overgivet sig til Jesus. Så det er altid praktisk at stille spørgsmålet, hvis du er i tvivl.

Når vi beder for mennesker, følger vi en god bibelsk model, hvor vi lægger hånden på personen, men vi vil gerne fremhæve følgende råd:

- Hvis personen har svært ved at stå, vil vi spørge dem, om de vil sidde ned, før vi begynder at bede. Nogle gange gør jeg det, selvom de ikke har svært ved at stå, specielt hvis jeg føler, der er behov for at fjerne risikoen for, at de falder, hvilket sommetider kan være distraherende.

- Jeg vil fortælle personen, at vi vil lægge hænderne på deres krop, hvilket er måden, som mennesker i Biblen bad for hinanden på.

- Som en generel regel lægger jeg sjældent mine hænder på nogens hoved. For nogen mennesker er det meget intenst og grænseoverskridende og kan distrahere dem fra Gud.

- Hvis det er en kvinde, så har jeg tendens til kun at holde deres hænder, men jeg spørger altid om lov først ved at sige: "Har du noget imod, jeg holder dine hænder?"

- Hvis det er bøn for helbredelse, vil vi ofte med tilladelse placere vores hænder på det smertefulde sted. Hvis jeg som mand skal bede for en kvinde med fx rygsmerter, vil jeg inden opstart pointere, at jeg kun vil holde hende i hænderne. Hvis én af de andre, der beder, er en kvinde, så kan hun lægge hånden på kvindens ryg, men altså ikke en af mændene.

Du synes måske, det er lidt overdrevet, men tro mig, vi har over årene lært, at denne etikette er vigtig og holder alle i sikkerhed.

En anden del af modellen er altid at fortælle folk, hvad du gør. Gå aldrig ud fra, de ved det. Led dem altid igennem det. Hvis nogen for eksempel kommer frem på opfordring fra Gud for at blive bedt for, og navnet er Julie, så siger jeg: "Hej Julie, tak at jeg må bede for dig. Her er, hvad vi vil gøre. Jeg holder dig kun i hænderne, er det i orden? Vi vil bede simple bønner, og så ser vi, om Gud siger noget til os, som du har brug for at høre. De andre vil også bede."

Hvis det er en kvinde, siger jeg måske til vedkommende: "Det eneste sted, jeg rører dig, er dine hænder. Hvis der er nogen, der lægger hænderne på din skulder, dit hoved eller din nakke, så vil det være én af kvinderne. Er det alt sammen i orden med dig? Kan vi fortsætte? Er du tryg ved at fortsætte?"

Med andre ord, så før dem igennem det, lad dem forstå, hvad der sker. Jeg spørger altid, hvad de ønsker, der skal bedes for. Se, det er en vanskelig ting, når du ønsker at bede for mennesker i den profetiske tjeneste, hvor det er bedst, at du ved så lidt som muligt. Men jeg spørger altid: "Hvad ønsker du forbøn for?"

De siger måske, det er helbredelse, og du kan sige: "Det er fint, lad os bede." Vi er der for at bede, ikke for at tale, så jeg vil opfordre dig til at sørge for, at al samtale er så kort som muligt og opfordre dem, du beder for, om også at gøre det kort. Hvis du spørger: "Hvad ønsker du forbøn for?", så regn ikke med eller tillad ikke en halv times livshistorie. Det skal være hurtigt, det skal være kort. Brug spørgsmål som: "Ønsker du forbøn for helbredelse?", "Ønsker du at blive døbt med Helligånden?" osv.

Undgå altid rådgivning. Jeg synes, at når du beder for nogen, så er du der ikke for at rådgive dem, du er der for at møde deres behov for Guds velsignelse. Rådgivning er noget helt andet end forbøn.

Spørg vedkommende, om det er i orden at røre ved dem. Hold dine øjne åbne. Se på dem hele tiden. Bed enkle bønner, ikke "verden rundt" bønner. (Det er bønner, der begynder med, at du beder for nogen, og så går det over til, at man går igennem alle Biblens principper).

Vær ikke bange for stilhed. De oplever måske Gud for første gang. Og spørg dem om, hvad de oplever. Opfordr dem til at holde fast i de løfter, Gud har givet dem. Jeg tror personligt aldrig på, at der ingenting sker.

Lad os samle alle disse ting og gennemgå en typisk forbøn ved et møde.

Vi antager, at prædiken lige er afsluttet ved et møde, og jeg bliver bedt om at lede forbønnen.

Så vil jeg bede lovsangsbandet om at komme frem og dernæst sige: "Mens musikken spiller, og vi lovsynger Gud, vil jeg bede dig om at komme frem, hvis du ønsker at respondere på noget af det, du hørte i dag. Vi vil sørge for, der er folk, som beder for dig i et trygt miljø. Jeg lover dig, det ikke vil være ydmygende. Vi synes bare, det er godt at reagere på, hvad Gud har gjort."

En kvinde kommer frem, og når jeg ser det, så smiler jeg til hende og siger: "Hej, ønsker du forbøn?"Hun siger: "Ja."Hvis jeg ikke kender hende, spørger jeg om hendes navn og spørger: "Hvordan vil du beskrive dit forhold til Gud?"eller "Kender du Gud/Kristus/Jesus?", da det er meget vigtigt at få fastlagt. Hvis de kender Gud, kan vi gå videre. Hvis de ikke kender Gud, så siger jeg: "Ønsker du at kende Gud?"Hvis de siger: "Nej", så er det fint, at de kommer frem for at få lidt velsignelse fra Gud, men de er ikke klar til at overgive sig fuldt ud. Så kan du sige: "Det er i orden. Jeg vil kort bede for dig. Jeg ved, Gud ønsker det bedste for dig.."Og selvfølgelig, hvis de siger: "Ja", så har du fornøjelsen af at lede dem igennem en bøn om overgivelse og frelse.

Så snart det er på plads, så siger jeg: "Jeg vil få disse kvinder til at hjælpe med at bede sammen med mig, er det i orden? Jeg vil bede nogle bønner, og så vil jeg spørge dig, hvad du føler. Hvis du har brug for at sidde ned, og du føler dig svimmel, så skal du bare sige det, så skaffer vi en stol til dig. Vi vil tale dig igennem processen efterhånden, som vi gør tingene, så lad mig holde dine hænder. Kan vi bede for dig nu?"

Og så begynder jeg at bede. Hvis jeg, efter et stykke tid, vil invitere Merle til at fortsætte bønnen, vil jeg sige: "Jeg vil stoppe med at bede nu, men min kone Merle vil fortsætte."

Hele tiden tale til dem. Hele tiden forklare, hvad der sker. Det er ikke et specielt overnaturligt arrangement, det er bare bøn. Hvis jeg bad for nogen, og jeg gav dem et ord, ville jeg måske sige: "Jeg fornemmer, at Gud siger, han ser en knude i din mave, og jeg fornemmer, at Gud siger, at du er meget anspændt."Så vil jeg sige: "Fortæl mig, hvad du tænker om det", og hun kunne sige: "Ja, jeg er meget anspændt i øjeblikket."Jeg ville sige: "Ok fint, godt. Lad os da bede for det. Herre, jeg beder om, at du vil løsne knuden, som jeg fornemmer i Sylvias mave."

Jeg siger ikke bare: "Sylvia, der er en knude i din mave."Jeg spørger med vilje ind til det og sikrer mig, om det, jeg fornemmer og hører, er rigtigt. Hvis du beder for helbredelse for nogen, så vil jeg sige: "Hvor gør det ondt henne?"Dialog sker hele tiden. Vi møder personens behov gennem Guds ressourcer. Det handler ikke om at røre deres hoved og få dem til at falde om. Det er meget enkelt, meget praktisk og meget ligetil.

Jonathan, min præst i kirken og min ven, havde for nogle uger siden en sætning om det at bede for mennesker, som jeg egentlig synes godt om - "Når du beder for mennesker, så gør du det samme som at tilbyde dem en småkage." Det er sådan, det virker. Hvis du har et fad med småkager, og du vil tilbyde nogen en småkage, så siger du: "Ønsker du en småkage?" Du siger ikke sådan her: "Gud siger, du skal have den her vaniljekrans, lad mig stoppe den ind i munden på dig." Så tjenesten, vi udfører overfor mennesker, skal være med en holdning af: "Ønsker du en småkage?" og ikke som en tvangsfodring.

Lad os sige, jeg vil bede for nogen, der er kommet frem, og det, de har brug for, er at starte forfra med Gud og igen overgive deres liv til ham, fordi de havde nogle fejltrin. Så vil jeg ikke sige til dem: "Gud siger, du skal overgive dit liv til ham igen." Jeg vil i stedet sige: "Jeg fornemmer, dette drejer sig om overgivelse, og jeg føler, at Gud vil have, jeg skal sige det til dig. Hvordan har du det med det? Er det noget, du ønsker at gøre?" Jeg tillader altid plads til fejl fra min side, og jeg tillader altid, at folk bestemmer, om de vil fortsætte eller ej.

Se, det er nøglen. Når du beder for nogen på denne måde i en kirkesituation, vil folk opdage det, og de ved, de kan stole på dig. De ved, du ikke er en tosse. De ved, du ikke pludselig vil udråbe: "Jeg har lige fået et ord fra Gud til dig: "Stop al den porno"." Du har beskyttet dem, og det ved de. Så vil de helt sikkert komme tilbage til forbøn, og det er altafgørende for mig.

Det er vores model for tjeneste. Jeg vil anbefale dig at følge disse gode råd. Der er mange tips i det, vi har været igennem, der er vigtige, og som er lært ved at prøve sig frem og igennem erfaring. Der er ikke nogen dele af denne bog, som jeg vil bede dig følge, uden du har tænkt over det, men lige præcis denne model om tjenesten er noget, jeg synes, har bestået prøven over tid. Den er sikker og giver gode resultater.

Mit sidste tip er: Vi fortæller mulige fremtider, ikke fremtiden. Så brug ingen udtalelser som denne: "Du vil blive gift med en mand, der hedder Robert, og I vil få tre børn, som hedder Maisy, Phil og George."

SLUTBØN

Herre, hjælp mig til at tjene og tjene mennesker godt, når jeg beder for dem. Hjælp mig til huske, at det drejer sig om at pege mennesker til dig, ikke til os selv.

Amen

Kapitel 10

Dag 6 - Hvordan Gud lader sin tjeneste vokse i dig

For nogle uger siden ledte jeg forbønnen i kirken, jeg kommer i i Sheffield, da jeg fornemmede et ord til én. Det, jeg faktisk sagde, var: "Der er én her, som har brugt hele sit liv på at hjælpe andre mennesker og nu er udbrændt. Dette er sætningen, du bruger: "Jeg har brugt hele mit liv på at hjælpe andre". Kunne du ikke tænke dig at komme frem, så vi kan bede for dig?"

Der kom ingen frem.

For fem år siden i min vandring med Gud ville jeg have følt det meget vanskeligt at håndtere. Jeg ville have stillet spørgsmålstegn ved min nådegave (- alle profetiske mennesker er nogle gange skrøbelige). Jeg ville have været flov og funderet over, hvad folk tænkte om mig.

Jeg tror, jeg er blevet mere moden siden da, (min kone griner, mens jeg skriver dette!). Nu trækker jeg bare på skuldrene og går videre.

Rent faktisk, så kom der en behagelig dame og opsøgte mig den følgende uge med besked om, at det helt sikkert var et ord til hende. Hun havde brugt den sætning dagen før, jeg sagde den, men hun havde ikke modet til at komme frem, (selvom andre kom frem), men mon jeg ville bede for hende nu? Selvfølgelig ville jeg det.

Jeg fortæller denne historie som en illustration af princippet, jeg lever efter og vil komme tilbage til i dette kapitel.

Dette kapitel handler om, hvordan du kan tage en hvilken som helst nådegave og lære at bruge den på de forskellige niveauer i tjenesten. Jeg bruger den til at høre Gud og bede for mennesker, men du kan bruge den på alle de gaver, du har.

Hvordan flytter du dig så fra sommetider at høre Gud i dit eget liv til at give ord til andre mennesker, når du beder i små grupper, til at give ord i din kirke under gudstjenesten, til at bede med fremmede, til at besøge andre kirker og til at sige præcise visdomsord i en større forsamling med hundrede, måske endda tusinde mennesker?

Jeg vil gerne være helt klar her. Spørgsmålet er: "Hvordan arbejder du på de forskellige niveauer?" Jeg siger ikke, at et niveau er mere vigtigt eller betydeligt end nogen af de andre, men det kræver bestemt forskellige niveauer af mod!

Jeg tror, at nøglen til at komme derhen - hvordan og hvor Gud vil bruge dig, og hvor ofte du bliver brugt - er tæt knyttet til din attitude til tjenesten og brugen af din gave. Denne sætning fra Jesus' lignelse om talenterne fra Mattæusevangeliet springer frem:

Matt 25:21: "Hans herre sagde til ham: "Godt, du gode og tro tjener; du har været tro i det små, jeg vil betro dig meget. Gå ind til din herres glæde!"

Så hvordan du forvalter din gave, når du beder for dig selv eller i små grupper, vil influere på mulighederne, du får, til at bruge gaven i andre situationer.

Jeg vil gerne give dig syv punkter om attitude. Dette er attituder, du bør have, som gør op med dårlige attituder, der kan snige sig ind, hvis man ikke har paraderne oppe. Mit råd er, at du spørger nogen, du stoler på, om de ser nogen tegn på dårlige attituder hos dig.

1. attitude: Det skal altid pege på Jesus.

Den bedste lovprisning er med Kristus i centrum, den bedste prædiken er med Kristus i centrum, og den bedste tjeneste er med Kristus i centrum.

Jeg husker, at jeg for nogle år siden i en kirke gav et meget specifikt ord til et par om nogle beslutninger, de skulle foretage den følgende uge. Selv forstod jeg ikke, om det, jeg sagde, gav mening, men de forstod det. De kom frem til forbøn mod slutningen af mødet og forklarede, hvad ordet betød. Profetien blev givet om lørdagen, og de havde en meget væsentlig beslutning, de skulle træffe den følgende lørdag - de skulle giftes! Men det var der ikke mange, der vidste (af mange grunde). Da vi bad sammen, fandt en del mennesker ud af det, og der var stor glæde i kirken.

Min reaktion var ikke: "Hvilket dejligt ord, jeg gav", det var i stedet: "Er

Gud ikke fantastisk! Han har tilladt masser af mennesker at vide noget, der gør ham tilfreds, og nu kan alle glæde sig."Jeg opfordrer alle til at forstå dette. Jeg kan huske, jeg var så glad over, hvad Gud gjorde, at jeg begyndte at hoppe og danse!

2. attitude: Det handler ikke om dig og din tjeneste, men om Jesus og hans tjeneste.

Dette hænger sammen med 1. attitude. Som jeg citerede et andet sted, (et godt citat kan man sagtens gentage): "Det er højforræderi at tage en nådegave, du har fået af Gud vores skaber, og bruge den til at pege på dig selv i stedet for den Gud, der har skabt dig". Hvis du, når du bruger din gave, begynder at sige eller tænke: "Jeg er ret god til det her, er jeg ikke? Gud har givet den her gave til mig, fordi jeg er speciel", så er jeg ret sikker på, der vil gå et stykke tid, før du får brug for gaven igen. Husk, Gud er mere interesseret i din fremtidige karakter end dit nuværende velbefindende. Gud er altid i stand til at gennemføre sit mål igennem andre mennesker, vi er ikke uerstattelige.

3. attitude: Det handler om, at du er lydig mod ham. Det handler ikke om, hvorvidt du har succes foran andre mennesker.

Det er i mine øjne en vigtig nøgle og en seriøs målestok for, hvor langt du er nået i din modenhed. Vi har en tendens til altid at måle vores tjenestes succeser og fiaskoer på andre folks reaktion. I virkeligheden er den eneste målestok, der er værd at have: "Var jeg lydig mod Gud?". Hvis jeg vender tilbage til historien, jeg startede kapitlet med, så var jeg bare glad for, jeg havde hørt Gud. Jeg gav ordet, og da ingen kom frem, gik jeg videre med tanken: "Der er andre mennesker at betjene"og ikke "Hvad betyder dette for mig?".

Jeg ville ikke ved et senere møde fortælle, at nogen reagerede på ordet. Hvis jeg gjorde det, hvem ville jeg så pege på? På mig selv selvfølgelig, og det er den sidste person, jeg bør pege på.

Jeg kan huske, at en præst engang svarede på et spørgsmål, jeg stillede ham: "Hvis Gud ikke velsigner dette arbejde, hvis vi altid oplever det som svært, hvordan kan vi så være sikker på, at det er, hvad Gud ønsker? Hvis det fejler, er det helt sikkert et tegn på, Gud ikke var med i det, er det ikke?"

Hans svar var: "Gud vil bede os gøre noget, som vil fejle, ligeså længe vi er lydige. Hvad du ser som en fejl på den korte bane, vil se meget succesfuldt ud, når man ser på det senere. Tænk på Jesus på korset. På dette tidspunkt er jeg sikker på, at disciplene syntes, det var en fejl. Når vi ser på det nu, er det som det mest succesfulde i hele mennesket historie."

Sikke en tanke.

4. attitude: Du er der for at tjene kirken, ikke omvendt.

Andre kirker er der ikke som en platform for din tjeneste. Når du beder med enkelte personer, er det ikke for, at du kan vokse i erfaring og tjeneste. Det er ikke: "Hvilken velsignelse det må være for dig, at jeg besøger/beder for dig."Hvis du har attituden: "Jeg er helt sikkert den slags person, der skal bede for denne person", så tror jeg, vi har mistet overblikket, og jeg tror ikke, Gud vil fortsætte med at velsigne os. Husk lignelsen med bjælken i dit øje mod splinten i den andens øje. Hvis vi dømmer andre mennesker, så har vi meget hurtigt mistet kerneattituden af at leve et Gudscentreret liv.

5. attitude: Til næste møde kunne det være mig, der kom frem til forbøn.

Når jeg ser efter folk til at hjælpe mig med at bede for andre, så ser jeg altid efter nogen, der selv går frem til forbøn. Hvis du er en, der ofte går frem til forbøn, så har du sikkert det rette hjerte og ved, hvor skrøbelige folk er, når der bliver bedt for dem, enten til møder eller i små grupper.

Jeg vil gå så langt som at sige, at hvis nogen ikke ønsker at modtage forbøn, så vil jeg ikke have, de beder for andre. Kan jeg røbe en hemmelighed for dig? Nogen gange, når jeg er i tvivl om folks attitude, når de beder for andre, så spørger jeg, om jeg må bede for dem, og så ser jeg, hvordan deres reaktion er. Er de åbne overfor forbøn? Er de glade for at modtage? Eller er de lukkede? Det fortæller mig ofte, hvad jeg ønsker at vide.

I vores kirke er vi lige ved at opstarte et nyt team til at bede med mennesker, når de responderer Gud. Under træningen siger vi, at de først og fremmest kan opmuntre andre til at komme frem ved selv at være først til at respondere. Når vi opfordrer folk til at komme frem og hjælpe med forbøn og betjening, siger vi: "Hvis du ikke selv kommer frem, så vær venlig at gøre dig selv tilgængelig for at hjælpe og støtte andre, der kommer frem til forbøn."

6. attitude: Frygt for at fejle vil altid forhindre dig i at sejre.

Jeg kan ikke understrege det nok, hvordan jeg tror, at frygten for at fejle holder os tilbage i livet og i vores tjeneste. De fleste nyheder, i hvert tilfælde i England, er om frygt, fare og tab. Jeg kan huske, jeg for nyligt læste i en bog, at hvis man googlede ordet "legeplads karrusel", så skulle man hele fem sider hen, førend der ikke var en reklame for advokater, der ville hjælpe dig med at få kompensation for uheld på en karrusel.

Jeg kan huske en fantastik tegneserie med Steen og Stoffer, hvor en ung amerikansk dreng, Steen (6 år), altid prøver at kopiere det, der er galt i den vestlige kultur. Han siger til sin tigerven: "Jeg er flad - kender vi nogen, jeg kan sagsøge?"

Jeg kan ikke sige så meget andet, end at du ofte bør bede om, at Gud vil vise dig situationer, hvor du har ladet frygten holde dig tilbage, og du må lære, at Gud ser efter en forandring. Forandring kan være svær og smertefuld, men det vil producere god frugt.

7. attitude: Det at bede for andre er et privilegie, aldrig en byrde.

Dette kan på underfundig vis snige sig ind, men hvis du ser det at bede for andre som en byrde, så holder du op med at være effektiv.

Jeg kan huske en kvinde, (lad os kalde hende Sue), med flere fysiske og psykiske helbredsproblemer. Jeg følte, at hendes rejse til helbredelse ville blive langsommelig, men hendes destination var sikker. Mange gange, når mødet sluttede, kom hun frem til forbøn, og hun begyndte altid med: "Det er mig igen." Gud lærte mig at sige: "Sue, du kan komme frem til forbøn hver eneste uge de næste fem år, og det vil stadig være et privilegie at bede for din helbredelse... hver uge!"

SLUTBØN

Herre, hjælp mig til at bruge disse attituder i alt, hvad jeg gør. Hvis jeg ikke kan se det selv, sørg så for, at mine venner viser mig, hvor jeg har brug for at ændre mig. Hjælp mig til at ændre mig og hjælp mig til altid at være villig til at lære.

Amen

Kapitel 11

Dag 7 - Hvad gør man, når det går galt?

For nogen måneder siden kom en mand til en af vores helbredelsesklinikker. Det er der, vi åbner vores kirke og inviterer folk til at komme og blive bedt for. Lad os kalde ham Paul. Paul var kommet fra en anden kirke og ønskede en helbredelsesbøn for sin ryg. Da vi havde bedt for ham et stykke tid, spurgte han, om vi også ville bede for hans datter.

Hun var voksen nu og boede ikke hjemme, men hun havde nogle OCD-tendenser. Dette betød, at hun ikke ville berøres, og hun var meget fokuseret på bakterieforebyggelse, (hun ville for eksempel ikke bruge en offentlig telefon). Da vi bad for hende, følte jeg, at Gud sagde "4 uger"til mig. Så jeg sagde: "4 uger... er en væsentlig tid for Gud, jeg ser en forandring i din datter de næste 4 uger. Om 4 ugers tid vil du se en væsentlig forandring i, hvordan hun opfører sig og relaterer til dig."

Han takkede for forbønnen og forklarede, at ting som helbredelse og profetier var sjældne i hans kirke.

To uger senere modtog jeg en besked fra ham på kirkens telefonsvarer, som lød: "Bare så du ved det, så er der intet sket med min datter overhovedet. Jeg tror, du er en falsk profet, og jeg er meget vred og skuffet."

Hvad ville du gøre med dette?

Når dette sker, (og det er det værste tilfælde, jeg har oplevet), så falder vi tilbage på flere gangbare principper.

1. princip: Vi kan ikke være bange for, at noget går galt. Det gamle testamentes rolle som profet, der talte med fuldstændig autoritet fra Gud, er erstattet af det nye testamente med den profetiske nådegave, hvilket Gud giver til sin kirke - en kirke, der stadig er fuld af "syndere på vej mod frihed fra synden", men vi er der ikke endnu!

2. princip: Være altid meget imødekommende, når du bliver udfordret. Det værste, du kan gøre, hvis nogen føler sig såret, utilfreds eller endda fortvivlet, er at udfordre dem eller opføre dig på en krænkende måde. I denne situation er vi her for at vinde venner, ikke diskussionen. Jeg vil til hver en tid hellere tage fejl og beholde en ven, end at have ret og så miste ham.

3. princip: Vis, du er en person under autoritet ved at give navnet på personen, de kan gå til, hvis de er utilfredse.

4. princip: I måden, du håndterer det på, gå da altid ud fra, du har begået en fejl.

5. princip: Giv ikke op!

Lad os komme tilbage til historien. Vi fandt adressen på personen Paul igennem en fælles ven, og vi skrev et håndskrevet brev med en undskyldning. (Det var håndskrevet, men ordene var der blevet bedt for, talt over, og jeg, personen, der bad sammen med mig, og min præst var blevet enige om ordlyden). I dette brev undskyldte vi for fejlen. Vi slog fast, at den profetiske nådegave, som var givet til syndere via det nye testamente, ikke var det samme som det gamle testamentes profeter. Jeg gjorde opmærksom på, at Paul var velkommen til at tale med min præst, hvis han ville, og jeg lovede at fortsætte med at bede for ham og hans datter.

Men det var ikke slutningen på historien, eftersom vi et par uger senere fik en håndskreven besked fra Paul, hvori han anførte:

- 4 uger efter dagen, hvor vi bad for ham, stødte han ind i sin datter på vej til kirke, og hun tog med ham.

- De tog hinanden under armen under lovsangen, hvilket, som han skrev, var "ret usædvanligt"på grund af hendes frygt for bakterier.

- På vejen hjem gik hun ind i en telefonboks og ringede til nogen (- igen meget usædvanligt).

Han afsluttede brevet, fuld af glæde og begejstring, med at sige: "Bed for mig, at jeg også må få Helligåndens nådegaver."

Det, jeg elsker ved dette brev, er, at han ikke sagde: "Hvornår har I et helbredelsesmøde næste gang - jeg vil gerne komme?", men bare: "Bed for mig, at jeg også må få Helligåndens nådegaver."Som jeg før har skrevet, så skal det altid pege på Gud!

Herre, hjælp mig til at forstå disse principper for, når tingene går galt. Jeg ønsker altid at behandle folk godt og vinde venner, ikke diskussioner.

Amen

Kapitel 12

Godt gjort!

Det er godt gjort, at du er nået til slutningen af bogen. Jeg vil takke dig for, du tog med på hele rejsen, og nu vil jeg takke nogle mennesker:

Til dig, fordi du tog fat i denne bog - specielt, hvis du betalte for den! Mit afsluttende råd til dig er: Hold fast, hold dig ikke tilbage. Et liv med at høre Gud venter på dig. Du vil lave fejl. Bare kom op og prøv igen.

Til Merle, Josh og Matt - I giver mig alt, hvad der er vigtigt på denne jord.

Til Frank og Jonathan - I har begge givet mig rum til at vokse og udvikle denne gave og lært mig meget. I har begge betroet mig jeres flok, hvad mere kan en profet bede om!

Til Kim - min tvilling på denne rejse. Jo mere, jeg forstår dig, jo mere forstår jeg mig selv!

Til Mary - for alle rådene og tålmodigheden med mig, når jeg ikke kom på Skype! Jeg håber, vi mødes en dag.

Til Jesus - din er æren i evighedernes evighed, amen.

LAD MIG BEDE FOR DIG.

Herre, tak for alt det, du gør i vores liv. Vi er så taknemmelig for, at du holder af os. Jeg beder nu med den person, der læser denne bog, at du vil velsigne dem og altid kærligt vise dem, hvor de skal forandre sig for at bliver mere, som du ønsker, de skal være. Vil du give dem "den fremtid, du håber på for dem."

Ian Banner Sheffield, UK, februar 2011

Kapitel 13

Opsummering af nøglepunkter

Dag 1 - Hvorfor gør vi det?

- 1. årsag: At bringe Kristi legeme, (det er os), til modenhed ved at opbygge os

- 2. årsag: At frigøre os til effektiv tjeneste eller betjening

- 3. årsag: For at anbefale Gud - for at minde os om, at Gud virkelig er midt iblandt os

- 4. årsag: At pege på Jesus

Hvad er vores respons?

- 1. respons: Vær tørstig

- 2. respons: Bliv ved med at spørge

- 3. respons: Pust til ilden

Dag 2 - De første skridt til at høre Gud og profetier

De fem første skridt til at høre Gud

- 1. skridt: Du skal gøre op med synd
- 2. skridt: Tune ind på Gud
- 3. skridt: Kend din personlige "aktiveringsnøgle"
- 4. skridt: Vær modig
- 5. skridt: Du skal starte, før du kan slutte

Tre tip til at træne dig selv

- 1. tip: Find stilletid
- 2. tip: Du skal træne dig selv i dette rum
- 3. tip: Træn sammen med venner

Dag 3 - Hvad menes der med personlig profeti?

Der er to typer af profetiske ord i Biblen

- "Messianske"profetier, hvilket er om tingene, der kommer, om Jesus og om Guds plan for denne verden
- Personlige profetier, hvor en profet fx siger noget til en specifik person eller til flere personer

Personlige profetier har to dele

- 1. del er "krogen- Noget, der får din opmærksomhed, som fortæller dig, at det er Gud. Det er enten det rette tidspunkt, de rette omstændigheder eller nøjagtigheden i detaljerne
- 2. del er "fremsigelsen- Hvad Gud vil have, der kommer frem eller sker

Dag 4 - Samarbejd med Gud i dit liv og i din tjeneste

Hvordan du bearbejder et profetisk ord, der er givet til dig

- Tal med og lyt til dine venner og ledere

- Gå ikke ud fra, du ved, hvad det betyder - giv det lidt tid til at bundfælde sig og blive tydeligere

- Husk, det er fremtiden, du skal kæmpe for

Tip at huske på

- Mellem "nu", hvor ordet gives til dig, og "derpå", hvor det bliver opfyldt, er, hvad jeg kalder, vejen til modenhed

- Det givne ord er ingen garanti

- Det er ikke en genvej eller en undskyldning for at undgå ansvar, forpligtelser eller lydighed

- Det er for at hjælpe os til at blive modne. Så vidt jeg ved, er der kun to redskaber til modenhed i kirken, og det er "Det var min fejl"og "Undskyld"

- Du bringer ikke Guds profetiske ord ved at

  - synde

  - være uansvarlig

  - tage dårlige beslutninger

  - manglende tro

Dag 5 - Hvordan man beder for mennesker

Nogle betydningsfulde værdier

- 1. værdi: Dette er Helligåndens tjeneste, ikke vores tjeneste
- 2. værdi: K.I.S.S. (Keep It Simple, Stupid - Hold det simpelt, dumme)
- 3. værdi: Koncentrer dig ikke om synlige tegn - men lyt til, hvad Gud siger eller gør indvendigt
- 4. værdi: Enhver tjeneste, ethvert ord og enhver bøn skal være under Biblens autoritet og helst have reference til Biblen
- 5. værdi: Vi skal altid beskytte individets værdighed
- 6. værdi: Forbøn er tjeneste i teams og ikke en individuel tjeneste

Tjenestemodellens etiketter

- Husk altid at beskytte individets værdighed
- Vær altid sikker på, de er kristne
- Fortæl altid folk, hvad du gør. Gå aldrig ud fra, de ved, hvad der skal ske
- Hvis det skal være én til én, så foreslår jeg, at mænd kun beder for mænd, og kvinder kun beder for kvinder
- Én person bør tage føringen, mens de andre støtter. Det kan man godt skiftes til
- Forbøn skal altid være afslappet og privat, den skal have lav, ikke høj tale
- Hvis personen har svært ved at stå, vil vi spørge dem, om de vil sidde ned, før vi begynder at bede. Nogle gange gør jeg det, selvom de ikke har svært ved at stå, specielt hvis jeg føler, der er behov for at fjerne risikoen for, at de falder, hvilket sommetider kan være distraherende
- Fortæl personen, at vi vil lægge hænderne på deres krop, hvilket er måden, som mennesker i Biblen bad for hinanden på
- Som en generel regel, så læg ikke dine hænder på nogens hoved. For nogen mennesker er det meget intenst og grænseoverskridende og kan distrahere dem fra Gud
- Hvis det er bøn for helbredelse, vil vi ofte med tilladelse placere vores hænder på det smertefulde sted. Hvis jeg som mand skal bede for en kvinde med fx rygsmerter, vil jeg inden opstart pointere, at jeg kun vil

holde hende i hænderne. Hvis én af de andre, der beder, er en kvinde, så kan hun lægge hånden på kvindens ryg, men altså ikke en af mændene

- Undgå altid rådgivning. Jeg synes, at når du beder for nogen, så er du der ikke for at rådgive dem, du er der for at møde deres behov for Guds velsignelse. Rådgivning er noget helt andet end forbøn

- Spørg vedkommende, om det er i orden at røre ved dem

- Hold dine øjne åbne

- Se på dem hele tiden

- Bed enkle bønner

- Vær ikke bange for stilhed

Dag 6 - Hvordan Gud lader sin tjeneste vokse i dig

Syv punkter om attituder til vækst

- 1. attitude: Det skal altid pege på Jesus

- 2. attitude: Det handler ikke om dig og din tjeneste, men om Jesus og hans tjeneste

- 3. attitude: Det handler om, at du er lydig mod ham. Det handler ikke om, hvorvidt du har succes foran andre mennesker

- 4. attitude: Du er der for at tjene kirken, ikke omvendt

- 5. attitude: Til næste møde kunne det være mig, der kom frem til forbøn

- 6. attitude: Frygt for at fejle vil altid forhindre dig i at sejre

- 7. attitude: Det at bede for andre er et privilegie, aldrig en byrde

Dag 7 - Hvad gør man, når det går galt?

- 1. princip: Vi kan ikke være bange for, at noget går galt. Det gamle testamentes rolle som profet, der talte med fuldstændig autoritet fra Gud, er erstattet af det nye testamente med den profetiske nådegave, hvilket Gud giver til sin kirke - en kirke, der stadig er fuld af "syndere på vej mod frihed fra synden", men vi er der ikke endnu!

- 2. princip: Være altid meget imødekommende, når du bliver udfordret

- 3. princip: Vis, du er en person under autoritet ved at give navnet på personen, de kan gå til, hvis de er utilfredse

- 4. princip: I måden, du håndterer det på, gå da altid ud fra, du har begået en fejl

- 5. princip: Giv ikke op!

Kapitel 14

Hvordan lærer du Gud at kende?

Hvis du læser dette afsnit, så går jeg ud fra, du er usikker på, om du virkelig kender Gud. Jeg har gode nyheder til dig. På den tid, det tager at klikke på nogle links, ved du det, og du kan være sikker.

Det er sjovt, hvordan man i de fleste hjem har en Bibel, men i de fleste hjem virker det som om, folk ikke kender kernen, og hvad der i virkeligheden står i den. I stedet for at finde ud af, hvad Gud siger om emnet "at kende ham og komme i himlen", bruger vi tid på at skabe vores egen version af dette på linje med:

"Jeg er basalt set en god person. Og jeg synes, at alle gode mennesker skal i himlen."

"Jeg er ikke så slem... og jeg er i hvert fald bedre end Bente nede af vejen."

"Gud tager sig af dem, der tager sig af sig selv."

Jeg tror, det er vigtigt, vi bruger et øjeblik på at se, hvad Biblen siger om emnet, i stedet for at vi gætter på, hvad den siger.

Der er mange gode steder på internettet, der taler om, hvad hovedsandhederne i Biblen er. Jeg vil anbefale dig at følge linket til hjemmesiden www.the4points.com, der er på engelsk. Her følger de fire hovedpunkter på dansk:

14.1   1. punkt - Gud elsker mig

Hvis du er medlem af den menneskelige race, så elsker Gud dig - ikke kun med en tilfældig gammel "kærlighed", men med en kærlighed, der vil vare til evig tid (Jer. 31:3), og det drev ham til at give sin eneste søn Jesus, for at han skulle dø i vores sted. Som det siger i 1. Joh. 3:16: "Derpå kender vi kærligheden: At han satte sit liv til for os."

Ser du, kærlighed er ikke bare noget, Gud har. Det er, hvad han er! Han er selve definitionen på kærlighed. I 1. Joh. 4:16 fremgår det helt enkelt: "Gud er kærlighed."

Men hvorfor elsker Gud os, hvorfor elsker han dig?

Hvis du nogensinde har haft et barn, så kan du forstå lidt af Guds følelser for dig. Da min kone var gravid med vores første barn, havde jeg et billede af ultralydsscanningen, som jeg var så stolt af. Jeg elskede det lille foster så meget. Jeg havde aldrig før oplevet kærlighedens kraft på den måde.

Men hvorfor? Han så ikke ud af ret meget. Han kunne ikke gøre noget, der kunne imponere mig, eller sige noget, der kunne gøre mig glad. Han var bare en masse hvide prikker på en sort baggrund. Jeg elskede ikke min søn, fordi han fortjente det. Jeg elskede ham, fordi han var MIN SØN! På en forunderlige måde havde min kone og jeg "lavet"ham. Han var vores.

Om du tror det eller ej, så har Gud skabt dig. I Sl. 139:13 står der: "Det var dig, der dannede mine nyrer, du flettede mig sammen i min mors liv."

Du er frugten af hans arbejde, hans skabning, og intet, som du eller nogen anden kan gøre, kan ændre det faktum eller hans kærlighed til dig. I Rom. 8:38-39 står der: "...hverken død eller liv eller engle eller magter eller noget nuværende eller noget kommende eller kræfter eller noget i det høje eller i det dybe eller nogen anden skabning kan skille os fra Guds kærlighed..."

Du undrer dig måske over, hvordan der kan være en kærlig Gud, når der er så meget sorg og ondskab i verden. Det mest enkle svar er, at Gud skabte os med en fri vilje, fremfor at køre verden og os som en slags robotter. Det meste af sorgen, der er i verden, er på grund af menneskers dårlige beslutninger og selviske handlinger. Helt grundlæggende siger Biblen, at ondskab, sygdom og død kun kom ind i verden på grund af et forkert valg; det første menneske Adams ulydighed. I Rom. 5:12 står der: "Synden kom ind i verden ved ét menneske, og ved synden døden, og sådan kom døden til alle mennesker..."

Den ultimative demonstration og beviset på Guds kærlighed til dig var Jesus' død på korset for lidt mere end 2000 år siden, men det kommer vi til under 3. punkt.

14.2 2. punkt - Jeg har syndet

Rom. 3:23 siger: "For alle har syndet og har mistet herligheden fra Gud."Det betyder, at alle mennesker har fejlet i forhold til Guds perfekte godhed og retfærdighed. Vi har fejlet, fordi vi gør tingene på vores måde og ikke på Guds måde. Vi har været ulydige mod hans instruktioner, som han skrev både i Biblen og i vores samvittighed. Guds love er som en glasrude: Enten er den i stykker, eller også er den ikke. Det hjælper ikke at sige: "Jeg løj kun, jeg stjal ikke."Jak. 2:10 siger: "Den, som ellers overholder hele loven, men fejler blot på ét punkt, er blevet skyldig i dem alle."Om det er mord, eller om det kun er en lille "hvid løgn", om der er utroskab eller kun jalousi, så vil enhver synd holde os fra at opfylde Guds standard, og det har både konsekvenser og straf med sig.

Konsekvenserne kan være mange. Hvis vi lyver, kan vi blive opdaget, og det går ud over vores relationer og troværdighed. Hvis vi stjæler, kan vi blive fanget og blive retsforfulgt. Men den alvorligste konsekvens af synd er, at den adskiller os fra Gud og fra en relation med ham, hvilket var det, han skabte os til at have. I Es. 59:2 står der: "Nej, det er jeres synder, der skiller jer fra jeres Gud; jeres overtrædelser skjuler hans ansigt, så han ikke kan høre jer."

Har du nogen sinde tænkt over, hvorfor det føles som om, Gud er langt væk?

Og endnu værre er det med straffen for synd. Rom. 6:23 fortæller: "For syndens løn er døden", så døden er, hvad du fortjener ved at synde. Ikke den fysiske død, eftersom det er uundgåeligt for os alle; det er den ultimative statistik - 1 ud af 1 dør. Biblen refererer til en åndelig død. Det er ud fra den betragtning, at vi er mere end blot en fysisk krop; at vi har en ånd eller sjæl, som består efter, at vores kroppe dør. Det er lidt uklart, hvad det præcist betyder for os, når vi står overfor åndelig død, men det er klart, at det er det modsatte af Guds ønskede plan for dig og mig - som er, at vores ånd skal hvile hos ham til evig tid i hans nærvær, hvilket Biblen kalder Himlen.

Så vi har alle sammen et stort problem. Vi har alle syndet, og fordi Gud er 100 procent retfærdig, betyder synden, at vi alle står til åndelig død og evig adskillelse fra Gud, hvilket Biblen kalder Helvede.

Hvis du er utilfreds med det, vil du blive glad for at vide, at Gud, på grund af sin store kærlighed til dig, er endnu mere utilfreds med denne situation (2. Pet. 3:9). Det leder os til 3. punkt.

14.3 3. punkt - Jesus døde for mig

Den eneste straf for vores synd, de forkerte ting hver af os har gjort, er den åndelige død; adskillelsen fra Gud. På det gamle testamentes tid tillod Gud, at dyr blev ofret for menneskets synd, og han accepterede det udgydte blod som en erstatning for menneskets eget liv. Men lige siden mennesket havde syndet første gang, havde Gud planlagt en permanent løsning; det ultimative offer, der kunne betale straffen for alles synd og lade retfærdigheden ske fyldest.

Hans plan var at sende sin egen søn, Jesus, som selv var Gud, til at blive født som et menneske og leve på denne jord med et perfekt liv uden synd, og når han havde gjort dette, så skulle han frivilligt give sit liv som et offer for alle vores synder. Ikke kun gennem døden, men også gennem en adskillelse fra Gud, den eneste gang Jesus nogensinde har været fuldstændig adskilt fra sin far.

Dette blev der profeteret hundrede af år, før Jesus blev født. Es. 53:6: "Vi flakkede alle om som får, vi vendte os hver sin vej; men Herren lod al vor skyld ramme ham."

Og det var, hvad han gjorde. Det er et historisk faktum, at Jesus levede og gik rundt på denne jord. Der er mere bevis for Jesus' eksistens, end der er for Julius Cæsars. Han blev født i Betlehem, voksede op som en tømrer og levede et perfekt liv helt uden at synde en eneste gang. Han elskede og helbredte mennesker, fortalte dem om Gud og blev falsk anklaget og korsfæstet af romerne udenfor Jerusalem. Han gjorde det alt sammen frivilligt, fordi han elskede dig så meget, at han ønskede at frelse dig fra straffen, du fortjener. I Heb. 12:2 står der: "... som for den glædes skyld, der ventede ham (Jesus), udholdt korset uden at ænse dets skam..."Så kom Jesus tilbage til livet igen efter 3 dage i Helvede, da døden ikke kunne holde fast i Guds søn.

Denne vidunderlige plan er opsummeret i nogle af de mest kendte vers fra Biblen, nemlig Joh. 3:16-18: "Gud elskede nemlig verden så højt, at han gav sin eneste Søn, for at enhver, der tror på ham, ikke skal gå fortabt, men få det evige liv. Gud sendte ikke sin Søn til verden for at dømme verden, men for at verden gennem ham kunne opleve frelse. De, der tror på ham, bliver ikke dømt. Men de, der ikke tror på ham, er allerede dømt, for de har nægtet at tro på Guds egen Søn."(Biblen på hverdagsdansk).

Du tænker måske, at det så var slutningen på den sag, men der er endnu et altafgørende punkt, der giver forskellen på liv og død.

14.4   4. punkt - Jeg skal beslutte mig for at leve for Gud

Gud har altså gjort sin del. Jesus gav sit eget liv som en straf for VORES synd. Vi har ikke gjort os fortjent til det. Det var ikke "fair", men så meget elsker Gud os.

Men nu skal du beslutte, om du vil tage imod denne gave af tilgivelse, dette løfte om det evige liv. Hvis du ønsker at blive fri fra straffen, som du selv er skyld i, ved ikke at gøre tingene på Guds måde, så skal du beslutte dig for at overgive dig til Gud og gøre tingene på hans måde fra nu af. Du skal tro, at han eksisterer, at han elsker dig, og at han døde for dig.

Rom. 10:9-10 siger: "For hvis du med din mund bekender, at Jesus er Herre, og i dit hjerte tror, at Gud har oprejst ham fra de døde, skal du frelses."

Valget er dit. Du har stadig din frie vilje, sådan som Gud har skabt dig. Du kan overgive dit liv til Gud, skaberen af hele universet, der elsker dig mere, end nogen nogensinde vil gøre, og som kun vil dig dit bedste. Eller du kan vende det ryggen og stå ansigt til ansigt med de uundgåelige konsekvenser. 5. Mos. 30:19-20 opsummerer det på den her måde: "Jeg tager i dag himlen og jorden til vidne imod jer: Jeg har stillet dig over for livet og døden, velsignelsen og forbandelsen. Så vælg da livet, for at du og dine efterkommere må leve, og elsk Herren din Gud, adlyd ham, og hold fast ved ham!"

Hvis du ønsker at opleve denne tilgivelse og kende denne Gud, som skabte dig til en relation med ham, og hvis du ønsker at fjerne adskillelsen mellem dig og Gud og have straffen og skylden fra alle de forkerte ting, du har gjort, fjernet, så kan du gøre det - lige nu!

SLUTBØN

Herre, jeg er ked af de ting, jeg har gjort forkert. Jeg vil nu vende mig fra alle disse ting og følge dig. Tak, at du døde på korset for mine synder. Helligånd, kom ind i mit liv nu og hjælp mig til at leve livet på den rigtige måde.

Amen

Hvis du har bedt denne bøn for første gang, så lad mig være den første, der har privilegiet at byde dig velkommen til Guds familie. Skriv gerne til mig med de gode nyheder på ribanner@gmail.com, eller du kan besøge den engelske hjemmeside www.the4points.com. Og nu er du også klar til at begynde på selve bogen.

Kapitel 15

Om Ian Banner

Jeg har været en kristen siden 1990 og er "faldet over"tjenesten som rejse-prædikant og underviser af profetiske tjenester. Gennem mine egne erfaringer har jeg lært, hvordan jeg hører Guds stemme, og hvordan jeg bruger den forståelse i måden, jeg prædiker, beder og betjener mennesker på. Jeg tror på, vi alle kan gøre dette, og jeg vil gerne hjælpe dig i gang.

Af mennesker, der holder af mig, bliver jeg hele tiden mindet om, at jeg ikke er en afsluttet historie. Jeg har taget nogle skridt på min rejse med Gud, og jeg kan hjælpe dig med at tage lignende skridt. Hvis vores kristne liv og vores vej til modenhed er et maraton , så er jeg højst halvvejs igennem - hvis du er lidt efter mig, så lad mig hjælpe dig med at tage de næste få skridt.

Jeg bor i Sheffield i England sammen med min kone og vores to sønner. Jeg hjælper med at lede en lille kirke i vores by. Derudover arbejder jeg deltids med mit eget firma som konsulent med Agil udvikling og informations-økonomi.

Når man prædiker, ved jeg, hvordan stærke historier kan forklare sandhederne i Biblen, hvorfor jeg har brugt mine personlige historier i denne bog. Det er typisk historier, som gav gennembrud i mit eget liv.

Problemet med dette er, at du kan læse disse historier og tænke, at jeg er en født-på-ny-pris-Jesus-jeg-vågner-med-en-tamburin-i-min-hånd-jeg-elsker-sytten-gennembrud-om-dagen-type fyr.

Dette er ikke tilfældet. For ud over alle historierne, jeg fortæller her i bogen, har jeg mange andre om fejltagelser og dumme ting til sammenligning (-måske endda flere!). Mit eneste råd til dette er, at du mislykkes kun, hvis du beslutter dig for at stoppe med at prøve.

Hvis vi nogensinde mødes, så mind mig om, at min kone og mine drenge kan fortæller dig nogle af de værste (eller måske de bedste?) af mine dumheder.

Hvis du vil i kontakt med mig - stille mig spørgsmål, møde mig, så kan du få fat i mig via emailen ribanner@gmail.com, eller du kan besøge ianbanner.com/about-us, hvor du finder opdateringer til denne bog og andre bøger og projekter, jeg arbejder med. Der er også en biografi om, hvem jeg er.

Kapitel 16

Andre apps, bøger eller blogs, du måske kan bruge

Alle henvisninger er på engelsk.

Du kan finde den fulde liste af bøger, jeg anbefaler. Den er opdateret, inklusiv de nyeste bøger på min hjemmeside www.ianbanner.com/recommended-books. Her kan du klikke direkte ind og købe både elektroniske og almindelige bøger, der dækker disse områder meget dybere end denne bog.

Growing In The Prophetic: A practical biblical guide to dreams, visions, and spiritual gifts af Mike Bickle

Den anbefales af mange af mine venner som en "all-round"bog om emnet.

The Gift of Prophecy (The Beginner's Guide to) af Jack Deere

Surprised by the Voice of God: How God Speaks Today Through Prophecies, Dreams, and Visions af Jack Deere

Min ven og præst Ray Booth anbefaler den som brugbar.

The School of the Seers: A Practical Guide on How to See in the Unseen Realm af Jonathan Welton

En højoktan bog om syn i den profetiske verden.